东乌珠穆沁旗

门德巴雅尔 ◎ 编著

内蒙古人民出版社

图书在版编目 (CIP) 数据

话说内蒙古·东乌珠穆沁旗 / 门德巴雅尔编著 . -- 呼和浩特：
内蒙古人民出版社，2022.7

ISBN 978-7-204-17085-2

Ⅰ．①话… Ⅱ．①门… Ⅲ．①东乌珠穆沁旗－概况 Ⅳ．
① K922.6

中国版本图书馆 CIP 数据核字 (2022) 第 001719 号

话 说 内 蒙 古 · 东 乌 珠 穆 沁 旗

HUASHUO NEIMENGGU DONG WUZHUMUQINQI

丛 书 策 划	杨佐坤　陈利保　周承英	
策 划 编 辑	南　丁　王　瑶　贾大明	
本 册 编 著	门德巴雅尔	
责 任 编 辑	南　丁	
责 任 监 印	王丽燕	
封 面 设 计	南　丁	
版 式 设 计	朝克泰	
丛 书 名 题 字	马继武	
蒙 古 文 题 字	哈斯毕力格	
出 版 发 行	内蒙古人民出版社	
地　　　址	呼和浩特市新城区中山东路 8 号波士名人国际 B 座 5 楼	
网　　　址	http://www.impph.cn	
印　　　刷	内蒙古爱信达教育印务有限责任公司	
开　　　本	710mm×1000mm　1/16	
印　　　张	10.5	
字　　　数	170 千	
版　　　次	2022 年 7 月第 1 版	
印　　　次	2023 年 11 月第 1 次印刷	
印　　　数	1—4000 册	
书　　　号	ISBN 978-7-204-17085-2	
定　　　价	46.00 元	

图书营销部联系电话：（0471）3946267 3946269

如发现印装质量问题，请与我社联系。联系电话：（0471）3946120 3946124

《话说内蒙古·东乌珠穆沁旗》
编纂委员会

主　　　编：门德巴雅尔

编委会成员：乌日古嘎

　　　　　　乌尤汗

图 片 供 稿：白嘎力

　　　　　　拉·斯琴图

　　　　　　额日很巴图

　　　　　　嘎·巴尔萨

总　序

　　内蒙古自治区成立于1947年5月1日，是中国共产党领导下成立的第一个省级少数民族自治区。全区辖9个地级市、3个盟(合计12个地级行政区划单位)，23个市辖区、11个县级市、17个县、49个旗、3个自治旗(合计103个县级行政区划单位)，首府呼和浩特市。

　　内蒙古位于祖国正北方，地跨东北、华北、西北地区，东西直线距离2400多公里，南北跨度1700多公里，总面积118.3万平方公里。广袤的土地蕴藏着丰富的自然资源，为内蒙古提供了广阔的发展空间。森林、湿地、平原、草原、沙漠等类型丰富的地貌，孕育了独特的旅游资源和动植物资源；多样化气候、充沛的水源、肥沃的农田、丰美的草场等资源优势和绿色优势，为现代化农牧业的快速发展创造了得天独厚的条件；丰富的煤、稀土等矿产资源和风力等清洁能源，为煤化工产业、有色金属产业、清洁能源产业等的发展壮大提供了有力支撑。内蒙古内与八省区相邻，外与俄罗斯、蒙古国接壤，国界线长达4200多公里，有建成我国向北开放的重要桥头堡和充满活力的沿边经济带的天然区位优势。

　　自古以来，内蒙古始终是不同民族交往交流交融的沃土，是不同文化碰撞融合的舞台，在相互融合、相互促进中，各族群众共同开拓了祖国辽阔的疆域，共同书写了祖国辉煌的历史，共同创造了灿烂的文化，共同培育了以爱国主义为核心的伟大民族精神。党的十八大以来，内蒙古自治区围绕贯彻落实习近平总书记重要讲话重要指示批示精神，全面深入持久开展民族团结进步创建工作，促进各民族交往交流交融，推动新时代继续保持"模范自治区"的崇高荣誉。

　　在漫长的历史进程中，内蒙古各族群众创造了丰富多彩的地域文化，成为祖国灿烂文化的重要组成部分。爬山调、漫瀚调、蒙古族长调等传统音

1

乐、脑阁、双墙秋歌、顶碗舞等民间舞蹈，二人台、东北二人转、达斡尔乌钦等传统戏剧曲艺，格萨（斯）尔、王昭君传说、敖鲁古雅鄂温克族神话等民间文学，蒙医药、科尔沁正骨术、蒙医熏鼻疗法等传统医药医术，桦树皮制作、达斡尔车制作、莜面制作等传统技艺……内蒙古在保护好、传承好、利用好这些优秀传统文化的同时，也在促进各民族交往交流交融、增进民族团结和维护中华文化多样性和创造性等方面作出了突出贡献。

70多年来，在中国共产党的正确领导下，在党的民族政策的光辉照耀下，内蒙古各族人民沿着中国特色社会主义道路不断前进，经济发展实现历史性跨越，社会事业实现长足发展，民族文化强区建设迈出坚实步伐，社会主义民主法治建设稳步推进，生态环境质量显著改善，取得了举世瞩目的发展成就，谱写出波澜壮阔的历史篇章。

为展示我区经济发展、社会进步、文化繁荣、民族团结、边疆安宁、生态文明、人民幸福的亮丽风景线，我们组织全区103个旗县（市辖区）的有关部门和专家学者，将各地在历史沿革、自然风光、民俗文化、民间艺术、社会经济发展等方面的资料汇编在一起，编纂了这套能够展示内蒙古总体面貌、反映时代特色和民族文化强区风范的大型丛书——《话说内蒙古》。

一套书，一支笔，不足以穷尽内蒙古的方方面面。《话说内蒙古》丛书为你了解内蒙古打开一扇窗，若你想对内蒙古有更深入的了解，读万卷书不如行万里路，来内蒙古吧！内蒙古将以最饱满的热情迎接你！

序

　　东乌珠穆沁，这片游牧文化底蕴浑厚而生机盎然的土地，充满了地理与人文的灵秀，洋溢着开拓与创新的激情，于时代潮头奋起追梦，令辽阔无垠的草原长歌浩荡。

　　早在一万年前的旧石器时代，就有人类在此繁衍生息，神秘的金斯太洞穴文化在此留下痕迹；春秋战国时期，北方游牧狩猎部落东胡、澹褴迁徙于此；这里曾是契丹人的发祥地；这里曾是东突厥水草丰美的牧场；金朝曾在这里修建"界壕"以抵挡蒙古雄师南下；一代天骄成吉思汗曾饮马于乌拉盖河，金戈铁马，在色叶勒金河灭塔塔尔四部落，演绎了一幕幕铁甲旌旗、塞上风云；明末，巴图孟和达延汗之曾孙翁衮都喇尔游牧于此，将其部落称为"乌珠穆沁"，"乌珠穆沁"由此得名。

　　清代，乌珠穆沁草原成为联通塞外关里的重要盐道茶路，旅蒙商号、盐商络绎不绝。近现代，这里又燃起革命火焰，在抗日战争、解放战争史上都留下了光辉的一页。也正是在这片神奇的土地上，东乌珠穆沁人民怀着对美好生活的执着追求，铸就了勤劳勇敢、淳朴善良的优秀品格，谱写了历史文化与现代文明交相辉映的美丽画卷。

　　站在新的历史起点，东乌珠穆沁人民弘扬着诚信、创新、和谐的精神，正按照"守望相助、团结奋斗"的要求、统筹推进"五位一体"总体布局，协调推进"四个全面"战略布局，坚持稳中求进工作总基调，坚持新发展理念，坚持推动高质量发展，坚持以供给侧结构性改革为主线，"干"字当先、"实"字为要，着力抓好稳增长、促改革、调结构、惠民生、防风险、补短板、挖潜力、增优势各项工作，保持经济持续健康发展和社会大局和谐稳定，为全面建成小康社会打下决定性基础，朝着打造祖国北疆亮丽风景线的方向，承载着先辈的光荣与梦想，肩负着历史的责任与担当，正满怀豪情地前行在中国特色社会主义康庄大道上，朝着民族复兴"中国梦"的宏伟目标高歌奋进。

今天的东乌珠穆沁旗乘势而上、只争朝夕，捧出了一幅科学发展、强旗富民的鸿篇巨卷。全面推进畜牧业基础产业，金属采选冶炼、煤炭清洁综合利用、油气循环开发利用、绿色畜产品精深加工4个传统优势产业的改造提升，大力发展新能源新材料、大数据云计算、蒙中医药、生物科技4个战略性新兴产业，加快培育旅游、电商、物流、金融、口岸贸易5个新兴服务业，深入推进乡村振兴战略，精心打造宜居城镇，坚持绿色发展，加强草原生态保护建设等一系列战略部署，必将为东乌珠穆沁旗的经济发展注入强大活力！

为了让人们更好地感受东乌珠穆沁，了解东乌珠穆沁，《话说内蒙古·东乌珠穆沁旗》一书应运而生。全书境界宏阔，图文并茂，以"话说"的方式，用通俗的语言讲述了乌珠穆沁的历史传承、民俗风情、风味特产、当代风采、发展趋势等，为我们生动传神地描绘了一个美丽而富有魅力的东乌珠穆沁旗。

东乌珠穆沁旗文联主席　　门德巴雅尔

2

目录 Contents

1

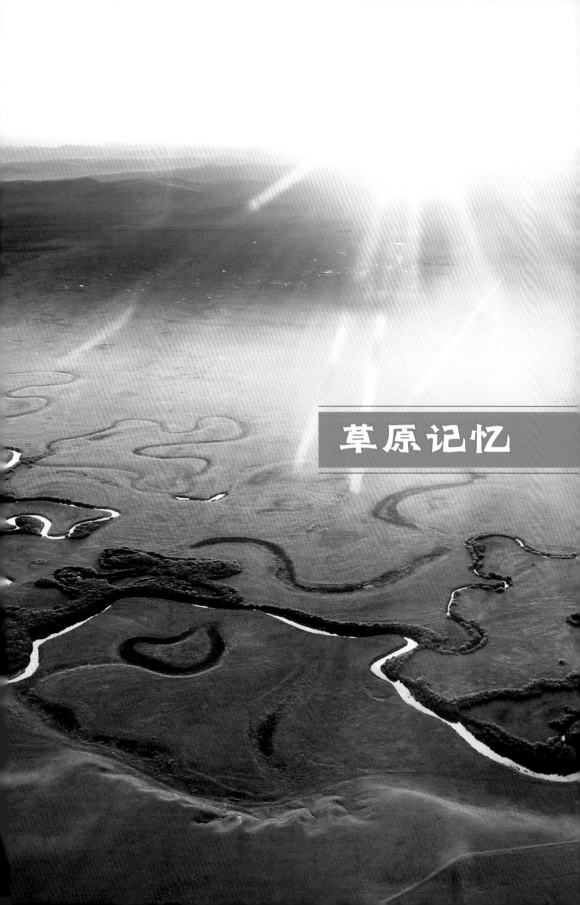

草原记忆

HUASHUONEIMENGGUdongwuzhumuqinqi

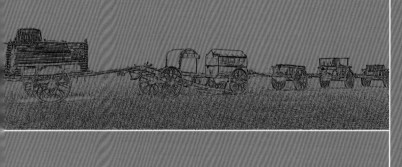

草原记忆
CAOYUANJIYI

旧石器时代，古人类在乌珠穆沁草原上居住；辽代属上京道临潢府，受乌古迪烈统军所辖；金代属临潢府路庆州管辖；13世纪初，为统一蒙古各部落在此大战塔塔尔部；元代，属岭北行省济南王所辖。

金斯太洞穴，远古文明伊始

东乌珠穆沁旗位于锡林郭勒盟东北部，大兴安岭山脉西麓，全旗土地面积4.73万平方千米，位于东经115°10′~120°07′，北纬44°41′~46°10′之间的地理坐标点上。

广袤而苍凉的乌珠穆沁草原，有着悠久的历史和浑厚的文化沉淀。早在几万年前就有人类在这片土地上活动。

这里的古人类文明可以追溯到1万至10万年前的旧石器时代晚期。近年来，在考古中相继发现了众多的古人类遗址。

2004年，发现与发掘的金斯

金斯太洞穴遗址

太洞穴遗址，展现了史前文化时期的古人类遗存。金斯太洞穴遗址位于阿拉坦合力苏木驻地以西25千米的珠恩海日汗山丘陵地。洞穴最宽处16米，进深24米。最窄处4米。前半部顶部较低，入口宽敞，中部以后，顶部渐高，呈穹隆状。洞口方向朝西北。洞穴下层堆积物中发掘出距今5万至10万年前的旧石器时代中晚期遗物；在中层和上层的堆积物中发现了距今3万至3千年左右的文物遗存。特别是上层文化遗存出土了大批灰色、黑色的陶器碎片和少量的铜制品。陶器的主要器形有鬲、罐、杯和三足瓮等，均为手制，火候较低。中层遗存中出土了大量细石器和一些骨制工具。

出土石器

金斯太洞穴旧石器时代晚期遗存的发掘表明，至少在3万至1万年前，该地区就有人类居住。这一发现填补了内蒙古中部地区旧石器时代考古的空白。洞穴上层堆积表明农业向畜牧业转化的上早期，证明了在现今的北方草原深处我们的先人也曾进行过农垦和采集的生活。

阿吉日嘎太遗址
先人辛勤的前行

乌珠穆沁草原在遥远深邃的历

阿吉日嘎太遗址

史长河中，已经孕育出了根深叶茂的文明之树。原始农业、畜牧业在内的比较完善的经济生产方式，曾经在这片广袤的土地上生息、繁荣。

乌珠穆沁草原上星罗棋布地镶嵌着众多的远古时期古人类遗址，它讲述着一篇篇古老而苍茫的故事。例如，希日和音浑迪—阿吉日嘎图芒哈遗址，位于萨麦苏木塔日根敖包嘎查，遗址呈长方形，南北长6千米，东西宽3千米，面

出土玉器

古动物化石

积约120万平方米，遗址方向为东南－西北走向。这里是古人类居住或制作石器、陶器的地方，出土了大量的各色焦化石块、粗制陶器、精制石器。此外地表还采集到石杵、磨盘、刮削器、陶片、铁刀、铜钱、铁器等。

开盐泺，阿保机雄起草原

美丽富饶的乌珠穆沁草原，不仅是水草丰美的天然牧场，也是历

突厥时期

史积淀丰厚的风水之地。

远古时代，草原先民就在这里生活生产。到了春秋战国时期，已经有民族在此逐水草而游牧。

当时草原游牧民族属于东胡系游牧部落。

战国春秋至秦代属东胡游牧地。

汉代乌桓、鲜卑部落在此游牧。汉末起，拓跋鲜卑进驻此。

东晋时，是契丹人驻地，南北朝时为地豆于人居地。

隋唐时期，为突厥汗国领地，留下了众多的石人遗存。

到了公元8世纪，一个勇猛善战的民族迅速崛起在北方草原上。其首领名叫耶律阿保机。耶律阿保机出生于迭刺部霞濑益石烈（契丹语"乡"）耶律弥里。契丹名阿保机，字啜里只。

耶律阿保机的家族是迭剌部的显贵家族。这个家族拥有世选本部夷离堇的特权。而且从七世祖开始就掌握了联盟的军权，地位仅次于联盟首领。高祖耶律耨里思、曾祖耶律萨剌德、祖耶律匀德实、父耶律撒剌的世为遥辇氏部落联盟的夷里堇（官名军事首领），执掌军事。

耶律阿保机

阿保机自幼聪敏，才智过人。长大后，身体魁梧健壮，胸怀大志，而且武功高强，《辽史》上说他"身长九尺，丰上锐下，目光射人，关弓三百斤"，值伯父耶律释鲁掌权，深得信任，耶律阿保机任遥辇氏痕德堇可汗的挞马狘沙里（扈卫官），组建侍卫亲军。凭借这支精锐武装，阿保机迅速崛起。率领挞马部（扈卫队）战胜了近邻诸小部，阿保机的伯父被杀后，阿保机继承了伯父

的于越（地位仅次于可汗，史称"总知军国事"，高于夷离堇，掌握联盟的军事和行政事务，相当于中原王朝的宰相）职位，并击溃以蒲古只为首的耶律释鲁的部落豪强。相继降小黄室韦、破越兀、兀古、六奚诸部，被国人誉为"阿主沙里"（沙里，契丹语"郎君"）。唐昭宗天复元年（901年），任本部夷离堇（军事首领），专事征伐，大破室韦、于厥及奚。进大迭烈府夷离堇。次年，领兵40万南下，讨河东、代北（今山西北部），克九郡。天复三年（903年），北攻女真，南取河东怀远军，略地蓟北（今河北北部）。升于越，总知军国事，成为部落联盟的实际操纵者。天祐二年（905年），唐朝垂亡，他应晋王李克用之邀到云州（今山西大同）相会，结为兄弟，约定共讨梁王朱温和卢龙节度使刘仁恭，但终因无利可图而没有践约。唐天祐三年（906年）十二月，痕德堇可汗卒，遗命推选阿保机为汗。按照传统制度，可汗之位要三年改选一次。阿保机的目标是像中原的皇帝一样建立终身制和世袭制，所以在他任可汗满三年时不肯交出大权，凭借他

的实力和威望继续坐在可汗的宝座上，向皇帝的目标努力。开平元年（907年），阿保机废传统选汗制，在心腹支持下，燔柴告天，即皇帝位，上尊号天皇帝。

阿保机的迅速强大和废传统选汗制，引起诸兄弟不满，发生多次叛乱，但均被平定下去。

本部落的反对势力消除后，契丹其他七个部落的反对势力仍旧存在，他们以恢复旧的可汗选举制度为旗号，强迫阿保机退让可汗之位。阿保机只好先交出旗鼓，答应退位，然后以退为进，设下了计谋。

当时，乌珠穆沁草原受耶律阿保机管辖。耶律阿保机依靠乌珠穆沁草原上的额吉淖尔盐池收入，经济很快发达起来。然后，阿保机采纳了妻子述律后的计策，派人转告诸部落的首领："我有盐池，经常供给各部落，但大家只知道吃盐方便，却不知盐池也有主人，你们应该来犒劳我和部下。"众人觉得有理，便带着牛和酒来了，没想到中了阿保机的诡计。阿保机布下伏兵，等大家喝得烂醉时，将各部落的首领全部杀

死。内外的反对势力除掉之后，阿保机在贞明二年（916年）称帝，正式建国，国号契丹，建元神册。契丹的国号有过几次变动：947年改成辽，983年又改为大契丹，1066年改成大辽，此后不再改号，直到1125年被金所灭。耶律阿保机称天皇帝，妻子述律氏称地皇后，立长子耶律倍为太子。

大辽建国后，乌珠穆沁草原为上京道临潢府属地，受乌古迪烈统军所辖。

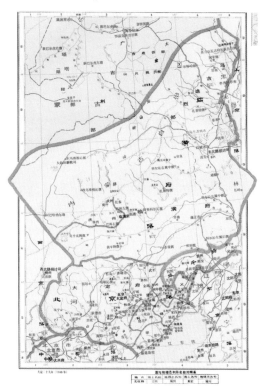

辽时期的疆域范围

当时，额吉淖尔盐池被称为大盐泺。辽代所建的额吉淖尔古城

额吉淖尔盐池

遗址位于今东乌珠穆沁旗额吉淖尔镇境内的盐池西岸。出土有铜钱、瓦砾、绿松石碎块、旗杆白石等文物。当地人称这座古城为高丽国（辽）或金代古城遗址。

《中国历史地图册》载："大盐泺（广集湖）位于辽上京临潢府西北，大约在今东乌珠穆沁旗西南。"曾公亮等于北宋庆历四五年间（1044—1045年）编出的《武经总要》中载，"辽大盐泺方圆三百里，东距上京千五百里，契丹中期易名'广集湖'"。

盐池西岸的遗址为耶律阿保机最初所建城镇。

金代，额吉淖尔仍称大盐泺。

景泰蓝器皿

金承安元年（1196年）置临潢府庆州"大盐牧群"，遗址位于盐池附近。金代设置临潢府路庆州大盐泺群牧司，是金朝皇家牧场之一。

修界壕，难挡神兵南下

在乌珠穆沁草原上，有两条古城墙遗址，俗称"金长城"，史称之为"金界壕沟"，当地牧民也称"成吉思汗边墙"。 其实，到了金朝

金界壕遗址

中晚期，乌珠穆沁草原成了蒙古诸部落和金国之间冲突的缓冲地带。随着边境冲突的增多，金朝耗费了大量的人力、物力构筑边境防御体系——金界壕，金界壕是金朝为阻挡蒙古骑兵南下而设置的。自天会四年（1126年）历经大定、明昌、承安等年代耗时七十多年，于泰和四年（1206年）构筑完成。金章宗皇帝明昌时期，曾经两次修缮和加固了金界壕，故称"明昌长城"。1126—1198年间，金朝先后四次修缮和加固了金界壕，目的在于防御北部蒙古部落的进攻。为

了这项工程，金朝让全国18~60岁的男丁服役，动用了大量的钱财。

金界壕东北起呼伦贝尔盟（今呼伦贝尔市）莫力达瓦达斡尔族自治旗尼尔基镇，西北经过兴安盟科尔沁右翼前旗、科尔沁右翼中旗向西延伸，穿过扎鲁特旗、阿鲁科尔沁旗、巴林左旗、巴林右旗，进入乌珠穆沁草原，直奔阴山山脉的崇山峻岭，在巴彦淖尔盟（今巴彦淖尔市）乌拉特草原进入黄河。全长3000多里。

金界壕主线西支线由霍林郭勒市西风口村深入锡林郭勒盟境内，一直延伸至东乌珠穆沁旗中部的盐湖东岸后消失。总长度为120.8千米，共有32小段，附属18座边堡。东乌珠穆沁旗境内有两条金界壕遗址。金界壕莫南线从兴安盟的科尔沁右翼前旗深入锡林郭勒盟东北境，穿越乌拉盖河源地，东北西南方向延伸至乌兰哈达山口，折而向西北，逶迤至蒙古国境内。东乌珠穆沁旗境内总长度为105.50千米，共有31小段。界壕内侧距离墙体300~700米范围内每隔5~10千米，附建一座边堡，

金界壕遗址

北线界壕墙体内侧共发现五座边堡。由此可知，在那个时期乌珠穆沁草原所处的重要战略位置。

金界壕也称"金壕堑"，是壕沟与土墙相结合的建筑结构。在土墙的里面，根据地形建筑土堡，供士卒戍守和瞭望。在壕沟里还设置了堑壕，是防止敌人越过的陷阱。

史书记载，金界壕归临潢路管辖，曾经由皇家亲族的完颜襄领兵把守。金朝章宗时期，完颜襄曾任右翼丞相。他是成吉思汗正在羽毛丰满时期的人物。《蒙古秘史》第132、133和134条，都有有关完

颜襄的记录。赛熙亚乐的《成吉思汗传》里，描写完颜襄征服塔塔尔莫呼沁苏勒时写道："……完颜丞相率领大军，从临潢府出发……"当时，临潢府是金朝的上京，是向北方进军、集合的要地。史书记载，"又撒里乃的，在临潢西北。临潢有二十四堡，其十九堡俱在撒里乃之西，盖戍守要地也"。

12世纪末，蒙古民族在大金帝国的北部迅速崛起，金朝统治者曾多次召集百官大臣"议决边事""北边开壕"。史载，承安二年（1197年）"边事未安"，召集六品以上大臣问攻守之计。参加会议的84人，主张攻打的5人，主张坚守的46人，主张且守且攻者33人。最后，决定对蒙古进行大规模的军事防御行动，筑边堡，开壕堑。直至章宗明昌时期，修筑了长达3500余里的长城，史称金朝边堡界壕。

金朝边堡，在设计上突破了历代长城传统的设计模式，构筑了外壕、外墙、内壕、内墙四重防御工事，全宽达40余米，极为壮观。内墙上每隔60~70米修一土堡，用于戍守和瞭望。界壕沿线每隔约10华里修一大土城，每城可住四五百人。

扎哈忙哈古城遗址

石臼

乌拉盖河

经过800多年的风风雨雨，古代这条巨大的防御体系——金界壕多处坍塌和消失，有的很难辨认出原来的样子了。然而，作为一个北方游牧民族崛起、兴旺的象征，凝集着劳动人民血汗的古代工程，一些断垣残壁还在叙述着过去的历史。

促统一，圣祖大战
敖拉会希鲁格勒

宋淳熙十六年（1189年），铁木真28岁，被乞颜氏贵族推举为大汗，号"成吉思汗"。铁木真从属民及奴仆中选拔自己的亲信组成"那可儿"（蒙古语"护卫军"），这支以"那可儿"为核心的队伍，成为铁木真统一蒙古高原军事力量的基础。因为札木合的部下偷了铁木真的马，铁木真的手下便杀死了那几个盗马贼，于是札木合认为，铁木真背叛了自己这个安达（有福同享有难同当，求同年同日死的朋友），于是他联合泰赤乌等部，合兵3万人，以札木合部人劫掠铁木真马群被射死为导火线，向铁木真发起进攻。铁木真也将自己的部众3万人分成十三个营，应战于答兰版朱思（亦译作巴泐渚纳，今克鲁伦河上游支流臣赫尔河附近）之野。铁木真战败（一说铁木真"破走之"），为保存实力退至斡难河的哲列捏山峡（今蒙古鄂嫩河上游一带），扼险而守。此战史称"十三翼之战"。

成吉思汗铁木真

以"为父亲报仇"的名义，率军在斡里匝河（亦称斡里扎河，浯勒札河，即今蒙古乌勒吉河）上游击溃了塔塔尔部，杀死塔塔尔首领莫古金苏勒图，使塔塔尔部从此一蹶不振。战后，金王朝授铁木真纠军统领之职（扎吾提狐狸），使他可以用金王朝属官名义号令蒙古部众。1200年，成吉思汗在贝尔湖附近歼灭了十一个反叛部落主后向东进军，到查布其尔山时，察干、都塔兀锡、阿勒赤、阿鲁海4个塔塔尔部联合起来攻击成吉思汗。此一战，成吉思汗征服了在答阑捏木儿格思(地名)地方的塔塔尔部落。1202年，成吉思汗第三次出征去进攻答阑捏木儿格思。塔塔尔部落被击溃而逃，

札木合虽然取得了胜利，但其所属部落首领益恶札木合横暴，而铁木真对部众多施仁义，关怀笼络，故归心于铁木真。于是术赤台、畏答儿、晃豁坛、速勒都思（赤剌温）等族人纷纷来附。此后，铁木真力量进一步壮大。宋庆元二年（金承安元年，1196年），从属于金王朝的塔塔尔部叛金，金遣丞相完颜襄率军征讨。铁木真联合克烈部王汗，

13世纪蒙古部落分布图

成吉思汗追击到敖拉会希鲁格勒吉德（今乌拉盖河与色叶勒金河），捕杀首领，征服百姓作为属民，消灭了塔塔尔部落。

此后，成吉思汗统一蒙古各部之战，进入第二阶段。其主要之战有：宋嘉泰三年的合兰真沙陀、折折运都山之战，宋嘉泰四年的纳忽山、不黑都儿麻之战，最后平定蒙古高原，统一蒙古各部，成吉思汗最终成为全蒙古的可汗。

居岭北，石人诉说岁月沧桑

元代，在全国设置十行中书省。其中岭北省，全称岭北等处行中书省，治和宁，统辖漠北诸地。皇庆元年（1312年）始称。行省辖境，东至哈剌温山（今大兴安岭），接辽阳行省；西至也儿的石河，接钦察汗国和察合台汗国；南隔大漠与中书省和甘肃行省辖境接界；北至北海（今西伯利亚北部）之地，凡服属元朝的各森林部落均归统辖。岭北行省的经济以游牧畜牧业为主，农业也有很大发展。戍军、居民所需粮谷主要还是依赖中原汉地供应，一部分由政府拨给，一部分靠商人贩运。元代岭北境内先后兴建了许多城市。由于各族大批能工巧匠的迁入，岭北行省的手工业发展也达到历史上的空前规模。和林、称海等城是商业和手工业中心，也是文化生活中心，建有各种寺院和儒、医学校。元政府还为诸王所部配备了儒学教授，对促进蒙汉民族的文化交流起了一定作用。

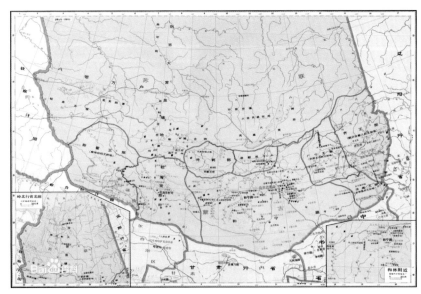

元代岭北行省

行省境内各行政区和管辖机构，包括以下几类：和林路、称海宣慰司和谦谦州地区诸城郭、戍军、屯田、仓库、工局等，皆由朝廷命官管治。诸王"爱马"（ayimaq，元译"部"，指蒙古诸王、贵族的领民和领地）——拖雷系诸王所部分布在按台山以东至怯绿连河上游，其东为成吉思汗弟拥只哈撒儿（后裔为长者封齐王，分地在今额尔古纳河、海拉尔河和呼伦湖一带）、合赤温（后裔为长者封济南王，分地在今内蒙古东乌珠穆沁旗及其以北）、别里古台（后裔为长者封广宁王，分地在今鄂嫩河和克鲁伦河中游一带）三家所部之地。诸王、贵族各置王傅府或断事官，管理本部百姓的政刑财赋。蒙古民户按千户、百户、十户（也称牌甲）的十进制组织，在指定的牧地范围内游牧居住，由各级那颜（noyan，官人）管辖，上下级有严格的领属关系。千户、百户、十户是岭北行省境内基本的地方行政单位，因而不置州县。

元代，乌珠穆沁草原，属岭北行省济南王所辖。

元代历史遗存最具代表性的文物是图穆特石人，出土于东乌珠穆

出土的元代金马鞍（一）

出土的元代金马鞍（二）

出土的元代金马鞍（三）

杭盖高勒墓葬群

沁旗萨麦苏木,为元代石像,列为一级文物。至今为止,已先后发现七尊石像,其中有一尊无头,另一尊只雕刻头部,还有一尊裸体像。其中的两尊石像用汉白玉作为原料,其余的为普通岩石。石像脸部轮廓清晰可见,穿着右衽、窄袖的长袍,足登长筒靴,右手举杯在胸前,左手放在左膝盖上,坐在太师椅上,腰戴火镰、刀、褡裢等。

图穆特石人

蒙元墓葬出土的铜镜

乌珠穆沁往事

乌珠穆沁往事

WUZHUMUQINWANGSHI

16世纪初，巴图孟和达延汗长子图鲁博罗特率所辖部落从阿尔泰、杭爱山迁徙至此；16世纪中叶，博迪阿刺克汗季子翁衮都喇尔称所辖部落为"乌珠穆沁"，乌珠穆沁之名由此得来。1646年，乌珠穆沁部落被置为左右两翼旗。

阿尔泰山脉

来自阿尔泰、杭爱山的传说

有一个古老的传说，在乌珠穆沁草原上流传多年。传说的主人公是一群勤劳而勇敢的牧人，他们从遥远的阿尔泰山脉的群山峻岭中出发，赶着畜群，牵着勒勒车，攀山越岭，历经千辛万苦，穿过历史的浓雾向乌珠穆沁草原走来……

这是传说，也是历史给人们记忆留下的痕迹。

可以说，乌珠穆沁是蒙古族古老的部落之一，其历史可以追溯到更遥远的年代。乌珠穆沁作为察哈尔千户形成于15世纪末16世纪初。自1368年元亡之始到16世纪初巴图孟和达延汗重新统一蒙古诸部落，北元陷入了长达二百余年的内战。其时，大大小小的封建领主们各自为政，不听大汗号令，互相征战，战火连年，生灵涂炭。当时游牧于阿拉泰山脉以西，天山以北的卫拉特诸部落迅速崛起，以朝儿斯、呼舒特、辉特、土尔扈特四部落为中心形成了"四卫拉特"联盟。卫拉特是蒙古族先民，自古就居住在蒙古高原的西北部，阿尔泰山北麓，以狩猎为生。13世纪初，成吉思汗统一蒙古各部落时，卫拉特部落属于具有突厥血统的"林中百姓"。

1207年，成吉思汗长子术赤从哈尔和林出发，开始远征，去征服阿尔泰山西北各部落，卫拉特部落首领忽都合别乞带领所属各部落前来归顺。其后，成吉思汗在卫拉特部落属地，阿尔泰山脉西北端，叶尼塞河上游地区设置四个千户，封忽都合别乞为千户首领。

15世纪中叶，卫拉特部落开始强大起来，与东蒙古各部落进行无休止的征战，甚至在也先太师时期，一度征服了东蒙古诸部落。

15世纪末，巴图孟和达延汗统一了东蒙古之后，率领大军进行塔斯博尔图之战，彻底摧毁了卫拉特封建领主的抵抗，将阿拉泰山及以西的广袤土地重新纳入帝国版图。帝国为了强化对卫拉特的监视，防止他们叛乱，从包括卫拉特在内的蒙古各部落抽调兵将组建一千户，由达延汗长子图鲁博罗特统领。因此千户的使命为监视卫拉特各部落，就以"看"的卫拉特发音"乌

乌珠穆沁马

珠穆"命名，也就是"乌珠穆沁千户"。

新组建的乌珠穆沁千户游牧于阿尔泰山脉西北端的乌珠穆查干山、浩尼麦拉呼（"浩尼麦拉呼"距"都若杭根呼"东20多千米，是山林葱郁、溪流涓涓，景色秀丽的地方。很早以前为了躲避一股强盗袭击，惊散的当地蒙古人丢弃了羊群，这些躁动不安咩咩叫的无主羊后来都变成了野羊。"浩尼麦拉呼"一名源于此。）、都若杭根呼（"都若杭根呼"又称"都若杭格努尔音哈布其勒"。指现蒙古国与中国新疆维吾尔自治区边界，位于阿尔泰山，骑马人镫紧贴擦过的狭窄峡谷）、萨格塞河流域一带，所养牲畜以乌珠穆沁白马、乌珠穆沁肥尾羊为主。

这段历史，在乌珠穆沁民间传说、长调民歌中都留下了深深的痕迹。例如，乌珠穆沁民歌《神圣的宝力根杭盖》中唱道：

神圣的宝力根山啊，平原辽阔的杭盖。

山后果实累累，果香四野的杭盖。
山前结满葡萄，果汁香甜的杭盖。
两侧长满古榆，宽广丰裕的杭盖。
………… …………

向着太阳升起的地方
——乌珠穆沁部落大迁徙

15世纪，对生活在蒙古高原上的诸部落来说，也是一个大融合、大变迁的时代。随着北元帝国的重新统一，原有的部落联盟瓦解，蒙古社会经历了一场重组、重新划分过程。乌珠穆沁部落亦然。

15世纪末，成吉思汗16世孙巴图孟克达延汗继位后，开始了统一战争。

他首先征讨卫拉特。1481年，在塔斯博尔图（今蒙古国乌布萨湖一带）与卫拉特激战，取得了决定性胜利，并组建了乌珠穆沁千户以

监视卫拉特。

其次消灭亦思马因。亦思马因是永谢布万户的领主，专横狡诈，妨碍统一。1483年，亦思马因侵掠兀良哈三卫，达延汗趁机联合三卫击溃亦思马因，亦思马因大败而逃。3年后，终于铲除了亦思马因。

此后，受达延汗强大军事压迫的右翼永谢布、鄂尔多斯、土默特三万户的大小领主们共同商议，认为"众庶无主，难以行事"，一致同意派人到达延汗汗廷议和。1509年，达延汗派次子乌鲁斯博罗特为右翼三万户济农，称"阿巴海"（尊称，有时也作叔父解）前往右翼任职。但是永谢布之亦不剌太师、鄂尔多斯之满都赉阿固勒呼二人秘密商议，起兵杀害了乌鲁斯博罗特济农。

次子乌鲁斯博罗特遇害，达延汗既伤心又愤怒。1510年，达延汗召集左翼三万户及科尔沁的军队，出征右翼。他们在威宁海以北的驻地（今乌兰察布北部地区）举行祭天仪式，酹酒马奶，整饬军队后向西进发。右翼听到消息，也在达兰特哩衮地方（今大青山）摆成弓形推车阵迎战。乌珠穆沁部落积极参加了这次统一战争。据罗布赞丹金的《黄金史》记载，战前，阿拉嘎楚得部落的察罕斋林、乌珠穆沁部落的阿拉东格上师给达延汗卜卦

说："亦不剌火命，水克火也。"

此战达延汗大获全胜。亦不剌太师和满都赉阿固勒呼率领残部西逃至甘肃、青海一带，其余右翼军队均被达延汗降服。不久，满都赉阿固勒呼被追杀于青海阿津柴达木地方，此地被称作阿固勒呼柴达木。亦不剌部在甘肃、青海地区活动了20余年，1533年左右才被达延汗之孙衮必里克和俺答剿灭。亦不剌只身逃入哈密，打算重返北山野乜克力故地，却因误入白帽之哈密城，被其人所杀。

作为察哈尔万户左翼四鄂托克之一的乌珠穆沁部落，由其首领达延汗长子图鲁博罗特率领，积极参与了整个统一战争，并随其所属万户的迁移，从阿拉泰、杭盖山脉一

图鲁博罗特

大迁徙

带出发，穿过浩瀚的嘎勒布上哈戈壁，历经艰辛，终于游牧至今天称之为"乌珠穆沁草原"的这片热土。乌珠穆沁民歌《圣山宝拉根杭盖》，就是在那次大迁徙的历史背景下创作，并吟唱至今。

从托雷到乌珠穆沁部落形成期间的世袭可汗诺颜为：成吉思汗四子托雷—其子忽必烈车臣汗—其子成吉穆台吉—其子达儿麻巴喇诺颜—其子伯颜图汗—其子扎雅图汗—其子妥欢帖睦儿汗—其子兀斯哈勒汗脱古斯帖睦儿—其子哈尔古查克都凌洪台吉—其子阿哲台吉—其子哈尔古查克台吉—其子勃勒忽济农汗巴彦蒙克—其子巴图孟克达延汗—其子图鲁博罗特诺颜—其子博迪阿喇克汗—其子翁衮都喇尔诺颜。

风雨飘摇三百年

1517年，达延汗去世。达延汗本来指定长子孛儿只斤·图鲁博罗特的长子孛儿只斤·博迪为继承人，然而，达延汗第三子巴尔斯博罗特济农以孛儿只斤·博迪年幼为由，自称大汗，尊号"赛音阿拉克汗"。达延汗的其他儿子不服。

明正德十四年（1519年），在达延汗的第四子阿尔苏博罗特的支持下，孛儿只斤·博迪台吉带领左翼三万户官臣到鄂尔多斯铁木真八白室祭祀，并威胁其叔叔。巴尔斯博罗特看局势不妙，给博迪让位，十七岁的博迪便在铁木真八白室前即汗位，尊号"阿剌克汗"。

博迪阿剌克汗时期，乌珠穆沁部落已迁徙到漠南草原。

博迪阿剌克汗统辖左翼三万

博迪阿剌克汗

户，直辖察哈尔万户，在北元朝东部一带驻牧。察哈尔万户包括敖汉、奈曼、翁牛特、克什克腾、乌珠穆沁、浩齐特、苏尼特、阿巴嘎等部落。

博迪阿剌克汗有三子，均各有所辖部落。长子库登汗所辖部落为"浩齐特"，次子库克楚莫日根台吉所辖部落为"苏尼特"，季子翁衮都喇尔所辖部落为"乌珠穆沁"。乌珠穆沁部落之名源于此。他将原乌珠穆沁各部落组合成一个大部落联盟，罗斯钦、额尔古特等21个部落，均在保留原部落名称的条件下，成为乌珠穆沁部落的一员。

乌珠穆沁部落是由字尔只斤、泰赤乌、克烈、萨尔都拉、卜尔苏、塔郎古斯、西卜钦、罗斯钦8个部落为基本单位，包括百余个姓氏的部落。

翁衮都喇尔诺颜上任四十余年，历经博迪阿剌克、达赉逊库登、图门等三代可汗时代，是一位忠臣勇猛的将领，也是统治乌珠穆沁部落时间最长的首领，他去世后被葬于乌珠穆沁的翁衮察布齐尔。

翁衮都喇尔有五子（有些书称有六子，三子为巴伊斯哈勒伊日胡巴托儿诺颜。这里据《清史稿》）。长子朝克图，称号巴托

翁衮都喇尔之墓

尔诺颜；次子巴伊儿（巴音、巴亚），称号赛恩宾图诺颜；三子那颜台，称号伊勒敦诺颜；四子章金，称号达尔罕诺颜；均早逝。季子多尔济，称号车臣济农。翁衮都喇尔诺颜去世后，多尔济车臣济农与其长兄之子色凌额尔德尼台吉一同成为乌珠穆沁部落首领。巴伊儿赛恩宾图诺颜的后代承袭洛斯钦氏诺颜爵位，那颜台伊勒敦诺颜的后代承袭夏尔努德氏诺颜爵位，章金达尔罕诺颜的后代承袭塔比德氏诺颜爵位。

当时的乌珠穆沁部落主要饲养马、牛、骆驼、绵羊和山羊，从宝格达山运取木材，制作蒙古包，以牛车为主要运输工具，从额吉淖尔运盐，从南部旗县运进粮食，以改善经济、生活状况。

明朝天启三年，后金天命八年（1623年），察哈尔万户地发生战乱，乌珠穆沁首领多尔济车臣济农及其侄色凌额尔德尼台吉，为躲避战乱，脱离林丹汗，带领所属部落，投奔漠北喀尔喀之车臣汗硕垒，游牧于克鲁伦河流域。当时，浩齐特、苏尼特、阿巴嘎等部落也先后迁徙到喀尔喀。

崇祯七年（1634年），林丹汗去世，崇祯八年（1635年），林丹汗之子额尔克洪果尔被后金军务总督多尔衮俘虏，北元亡。崇祯九年

（1636年），皇太极改国号大金为大清，改年号天聪为崇德。

崇德元年（1636年），清朝大军占领察哈尔部落后，游牧于克鲁伦流域的多尔济车臣济农、喀尔喀车臣汗硕垒、浩齐特部策仁伊刺登图什叶图、苏尼特部苏日赛恩巴托尔济农及阿巴嘎部图恩嘎尔札萨克图巴托尔济农等表示向清廷纳贡，并派出以韦章喇嘛为首的132名使者赴盛京觐见清朝皇帝。清朝皇帝本想不动用武力得到喀尔喀，所以同意多尔济车臣济农归顺，并要求献白驼一峰、白马8匹等"九白"之贡。

崇德二年（1637年）八月，台吉伊希哈布、乌日海僧格、阿金、浑特格尔等人给清朝纳贡，清朝赏衣袍、盔甲、弓箭、布匹。十一月，多尔济车臣济农、色凌额尔德尼台吉率领所辖部落从克鲁伦河徙牧至瀚海南归附清朝。

1637年，多尔吉车臣济农带领所属乌珠穆沁部落迁至阿拉腾兴安腹地乌拉盖、色也勒金河畔驻牧。清廷划给他距北京1163里、东西360里、南北425里、东至索伦、西至浩齐特、南至巴林、北至戈壁的广阔草原，被称为乌珠穆沁草原。

崇德六年（1641年），乌珠穆沁部落首领多尔吉车臣济农被封为

原乌珠穆沁左旗王府遗址

印章

和硕车臣亲王，保留了车臣封号，领双重俸禄。

1646年乌珠穆沁部落被分为左右翼旗，乌珠穆沁右翼旗由多尔济车臣亲王统管，所属二十五个苏木。乌珠穆沁左翼旗由色棱贝勒统管，所属九个苏木。两旗归锡林郭勒盟管辖。当时锡林郭勒盟十旗为乌珠穆沁两旗、苏尼特两旗、浩齐特两旗、阿巴嘎四旗。

新中国成立初期的1949年3月，合并乌珠穆沁右翼旗、乌珠穆沁左翼

东乌珠穆沁旗政区图

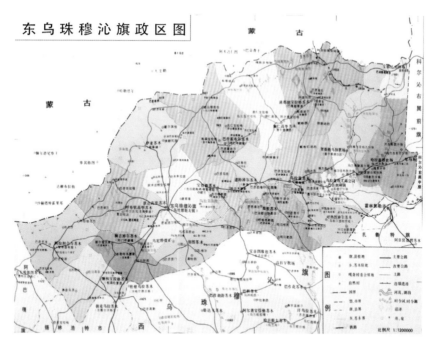

东乌珠穆沁旗地图

旗、浩齐特左翼旗，设置东部联合旗。

1956 年 7 月，撤销东部联合旗，分别成立东乌珠穆沁旗和西乌珠穆沁旗，原乌珠穆沁右翼旗一半牧户同乌珠穆沁左翼旗归入东乌珠穆沁旗，乌珠穆沁右翼旗另一部分牧户同留在浩齐特左翼旗的牧户归入西乌珠穆沁旗。

黎明前的战斗

1947 年，内蒙古人民在中国共产党领导下，获得解放，成立了内蒙古自治区，但同时遭到封建反动势力的疯狂反扑，地处边疆的乌珠穆沁草原也不例外，旗内外封建残余势力，勾结国民党当局先后举行多次叛乱，企图夺回已失去的封建统治。

1947 年，乌珠穆沁右翼旗王府管家胡图凌嘎从北平到开鲁，找李守信借武器（1000 支枪）时，于 4 月 29 日被解放开鲁的我军抓获，押送到乌兰浩特，正在此地参加内蒙古自治区政府成立会议的乌珠穆沁右翼旗梅林丹赞热华为其做担保，并带他一同回旗。6 月，锡林郭勒盟人民政府派工作组到乌珠穆沁右翼旗整顿军政要员时，胡图凌嘎跑到多伦，与布力亚特的仁钦道尔吉一起去了张家口，并得到傅作义的支持，成立了有 5 个支队 372 人的"察哈尔省蒙疆剿匪司令部"，仁钦道尔

27

吉任司令，胡图凌嘎任副司令，兼任第4支队队长。

1948年9月，侍卫巴特尔等人武装叛乱，突然袭击农乃庙兵站，杀害内蒙古骑兵第四师参谋脑门达赖等6名官兵。9月9日，达布森喇嘛通拉嘎率30名喇嘛叛变，杀害浩齐特左翼旗牧民4人，缴走一支枪，又袭击了额吉淖尔盐务局，杀害盐务局场长亚日乃扎布。17日，胡图凌嘎从多伦返回乌珠穆沁右翼旗，围攻人民政府，并杀害分会副主任布和巴图、人民政府秘书占其布，抢走人民政府公章，带走了米吉德章楚宁布亲王。

10月，胡图凌嘎突袭喇嘛库伦庙。锡林郭勒盟警卫团驻守喇嘛库伦庙的部队，对胡图凌嘎土匪进行抗击，与援军一同消灭了胡图凌嘎土匪30余人。

11月17日，胡图凌嘎土匪企图攻击盐务局，但发现增援部队到来只好逃窜。

12月，胡图凌嘎土匪从阿巴嘎旗到乌珠沁右翼旗古尔班宝力格（地名），杀害了19名革命战士。

1949年1月1日，内蒙古骑兵第一师三团，在今东乌珠穆沁旗萨麦苏木呼尔其格沙地与胡图凌嘎土匪激战十几个小时，胡图凌嘎、达布森喇嘛、包玉林所带领的534人

中13人被击毙，23人被打伤，俘虏27人。13日，内蒙古骑兵33团在今西乌珠穆沁旗高力罕山附近，与达布森喇嘛散兵激战，俘虏4人。17—18日将达布森喇嘛追击到高力罕、额仁等地，打死打伤10余人，俘虏30多人。

2月5日，侍卫巴特尔突袭浩舒庙的乌珠穆沁左翼旗人民政府驻地，抓走了旗长希瓦、工作人员达日哈。3月，袭击农乃庙，杀害6名战士。14—15日，内蒙古骑兵33团在乌珠穆沁左翼旗塔兵庙一带追杀胡图凌嘎土匪，匪连长布和阿迪亚投降，21人被俘虏。

4月8日，内蒙古骑兵二团在乌珠穆沁右翼旗古尔本宝力格（地名）围剿胡图凌嘎、侍卫巴特尔土匪270人，击毙51人、打伤7人。12日，内蒙古骑兵三团在乌珠穆沁右翼旗南部追打胡图凌嘎土匪残余，打死打伤多人，俘虏11人。

6月5日，内蒙古骑兵二团在乌珠穆沁右翼旗巴拉尔商都（现东乌珠穆沁旗嘎达布其镇商都嘎查）追击胡图凌嘎、达布森喇嘛，击毙敌人7人，额木合逃跑，胡图凌嘎、达布森喇嘛、查干喇嘛、贡格钦，色布幸格等304人缴械投降。

1949年10月，侍卫巴特尔等20余人向乌兰察布盟（今乌兰察布

市）逃窜，1951年2月，返回乌珠穆沁。锡林郭勒盟政府派连长尼玛带领骑兵第一师第一连，与东部联合旗公安局治安科科长宝音朝克图一同追剿侍卫巴特尔。5月初，侍卫巴特尔跑到蒙古国被捕。

在解放战争时期，乌珠穆沁草原发生的众多剿匪战斗中，最重要的有"呼尔其格战斗""巴拉尔商都战斗"等。

呼尔其格战斗

1948年11月，锡察巴乌工委在贝子庙（锡林浩特）成立了剿匪指挥部，王再天任总指挥，奎璧、吉雅泰任正、副政委，包明德任参谋长，并调遣内蒙古骑兵第一师、第二师、四分队，消灭胡图凌嘎"蒙疆剿匪总部"。12月16日，由团长额尔敦仓率领的骑兵第一师三团700多人到达贝子庙，接受将胡图凌嘎土匪消灭在乌珠穆沁草原上，防止西逃的作战命令。12月27日到达希热图庙，28日到喇嘛库伦庙与驻军自卫队一同北上，途经葛根仓马场（现乌里雅斯太镇阿木古楞嘎查）追击胡匪。12月30日下午，在途中从一位牧民孩子口中得知，胡匪在呼尔其格沙地有一沙卜隆（活佛中地位低者）住了一夜，喝完酒清早返回的消息。三团急速行军10多千

米后，与胡匪防卫队交火，并缴获几顶蒙古包、20多峰骆驼、1000匹马、20多支枪和备用工具。在战斗中击毙胡匪1人，俘虏数人，三团有几名战士受伤，损失了一些战马。

1949年1月1日黎明时，骑兵三团侦察分队发现敌人所在处，急速向西北方面的高地前进，一连从西南方向秘密靠近时被敌人发现，双方相互开火。机枪连连长甘珠尔在机枪掩护下夺得有利地形，三团主力发动进攻。20分之后胡匪乏力西逃，在一山顶与三团一连先遣排相遇，后向东北方向逃窜，随后又遇到驻军自卫队的阻击。胡匪受三面夹击，因不敌三团猛烈火力，大部分胡匪向西北方向逃窜，其余被围困的炮兵和驼队缴械投降。

呼尔其格战斗打到下午五点钟，击毙匪徒13人，打伤23人，俘虏27人，缴获迫击炮一门、子弹16发、步枪23支、军马500匹、骆驼29峰、牛125头，驼车14辆。

巴拉尔商都之战

1949年5月初，内蒙古骑兵第一师二团由地方干部斯仁做向导，从王盖庙（今西乌珠穆沁旗所在地）出发，在侦察追击胡匪途中抓获一名胡匪探子，获得胡匪线索，但胡匪采取"分散"战术躲避了二团。

1949年5月29日，二团到达喇嘛库伦，组织一百余人的加强连（一连加一排）和骆驼车队，经过萨麦向西沿着中蒙边境追击数天，在古尔本布连（地名）遇到胡匪，但胡匪不战而逃。二团加强连紧追不舍，于6月5日在巴拉尔商都（现为巴拉尔宝日嘎斯台，位于嘎达布其镇商都嘎查，是中蒙边境处）发现胡匪的马匹。

加强连分三路围攻时，匪徒抢占喇嘛海敖包山进行抵抗。加强连的战士们在机枪的掩护下徒步进攻，用两个排的力量两面夹击使胡匪北撤。加强连连占四座山头，胡匪反攻一山失败，在被三面包围，北面还遭蒙古国军队袭击的情况下，土匪负隅顽抗4个多小时后，缴械投降，此次战斗共俘虏土匪304人。其中有胡图凌嘎、达布森喇嘛、色布金格、贡嘎钦等人。战斗中道尔吉喇嘛等七人被击毙，我军缴获机枪三挺，迫击炮两门，步枪151杆，手枪10把及骆驼、马、车、物资、弹药等。战斗中内蒙古骑兵加强连指导员鄂玉良牺牲，机枪班班长那顺德力格尔左手受重伤。

到此，乌珠穆沁草原上的剿匪战斗获得最终胜利。

历史遗迹

HUASHUONEIMENGGUdongwuzhumuqinqi

历 史 遗 迹
LISHIYIJI

乌珠穆沁草原，岁月悠久，历史文化遗产丰富。这里有辽金时代的"大盐泺"——额吉淖尔、蜿蜒数百千米的金长城、连接漠南漠北的盐道和草原商道。战火纷飞的年代，苏蒙联军的战车曾横穿草原腹地。

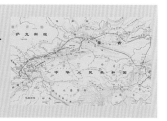

运盐图

额吉淖尔古盐道

两千年前，《汉书·地理志》把额吉淖尔称为"青盐泺"。其后，北魏、唐、辽、金、元、明各代史籍将其称作"北地盐""蒙古盐"等。清代《蒙古游牧记》中载为"冲和尔泊"。辽代已大力开发额吉淖尔盐湖，以"大盐泺""广济湖"著称。金代，设立临潢府庆州"大盐泺牧署"，已远运至京师（今沈阳）。明朝著名医学家、药物学家李时珍在《本草纲目》中，把额吉淖尔盐称作胡盐，并注释："产于胡地，效用与所食之盐同，比普通盐好。"清朝《清东华录》中详细记载了额吉淖尔盐。

额吉淖尔盐因富含氯化钠，盐色略黑，因而以青盐著称，青盐入药，先人皆知，当地人外出都要带盐，若有水土不服，服上立即痊愈。自古以来牧民自己捞取青盐，与旅蒙商进行商品交换。清朝至民国时期，在蒙盐外运关口设卡收税，盐务贸易成了蒙古族商贸历史的重要组成部分。额吉淖尔盐湖也成为蒙古地区重要的贸易中心之一。因而有句话，叫作"草原之路伸向盐池，四方之人会与盐池"。

据《清史稿》记载，额吉淖尔蒙盐经赤峰市乌丹镇运往内地，西经河北围场，销往承德、奉宁、滦河各地，东经建平运往建昌、朝阳各地及奉天、突泉等地。西南经多伦销往丰镇、宁远等地。

光绪三十二年（1906年），都统亭杰制定蒙盐试行制度，宣统二年（1910年），盐务督察载泽制定山西蒙盐制度，以乌珠穆沁旗蒙盐为主，附带苏尼特盐。

蒙盐交易5—9月间用牛车运输，其他时期驼运。青盐还远销到吉林、黑龙江省和蒙古国，每担价格为2.2~2.5元。《盐务词典》记载："同治年间（1862—1874年），长城外山西、绥远东部地区运销青盐5万担。"光绪二十七年（1901年），丰镇盐务向长城以内运销1万至2万担盐，光绪三十三、三十四年（1907、1908年），分别运销500万斤和700万斤盐，宣统元年（1909年），运销180万至190万斤盐。据20世纪30年代一份调查表显示：

清代，额吉淖尔青盐由乌珠穆沁右翼旗、浩齐特左翼旗共同经营，乌珠穆沁右翼旗派钱站（收盐机构），驻10名哨兵，从外地拉盐每4辆牛车收取1枚银圆。当时钱站雇用牧民帮助远途运盐。后称这些牧民为"额吉音库克努德"。浩齐特左翼旗也派钱站，管理捞盐渡口。

额吉淖尔青盐运销北疆各地。西运察哈尔的经乌日图塔拉（日本占领时期成立盐务局征税）、巴音门德、商都高勒、哈毕日嘎销往多伦、独石口、张北、丰镇、赤城、延庆、怀来、宣化、万全、蔚县、阳原、大同、阳高等地；南销克什克腾旗经棚镇，经林西销往围场、承德、平泉等地；东销海拉尔、索伦、札萨克图、土谢图旗、达尔罕旗、扎鲁特旗、阿鲁科尔沁旗、林东，进而远销黑龙江、吉林等地。西销喇嘛亥庙、汉贝庙、温都尔庙、集宁、归化等地。北运喀尔喀车臣

地　名	各地距离	各地每升（50斤）盐的价格（元）	每车（400斤）盐的价格（元）
盐湖乌珠穆沁右翼旗		0.62	5.10
农乃庙王府	219千米	0.75	6.00
土里业毛都土西亚图旗	171.6千米	1.20	9.60
突泉	61.9千米	1.00	8.00
洮南	96千米	1.00	8.00

盐价表

罕盟，经合答斤云古泽尔寺，销往外蒙古各地。因而额吉淖尔盐道四通八达。具体有：

1.哈拉盖图呼图勒盐道：

这条盐道从东北进入盐池，是喀尔喀、巴尔虎运盐道。自喀尔喀云古泽尔寺经呼布沁戈壁的盐道、巴尔虎的摩尔根奈恩格尔—准塔黑拉嘎图—经呼布沁戈壁东而南下宝润台呼图勒—德林恩格尔而至的东路、经柴达木巴音敖包、达楞北、宝润台，插入自东而来的巴尔虎运盐大道，经迪彦庙北—宝音图呼都嘎—塔奔套布嘎塔拉—要海图—哈拉盖图呼图勒至盐池。

2.古日班锡里盐道：

乌珠穆沁贝勒旗、喇嘛库伦庙及巴尔虎方向的盐道经此。经苏吉达巴—达拉额和哈达—高云—旗庙来的札萨克图旗盐商及经浑迪达巴—喇嘛亥钦达牟尼—扎格斯台古如—农乃桥—嘎黑勒庙—道特淖尔北—乌兰达巴—德勒图—哈日阿拉克图古如—阿拜朗古如—筛图古如—阿日斯楞敖包—塔西拉嘎—奈曼敖包而来的土谢图、扎鲁特旗的运商，因扎根庙—准哈登苏而来的阿鲁科尔沁旗的盐商经此。

3.敖楞呼都嘎盐道：

阿鲁科尔沁、巴林左、乌珠穆沁右旗东南部盐道经此．因扎根

庙—乌兰哈拉嘎庙—乌岱宝日勒吉—巴彦查干东麓—黑摩尔图—呼和呼都嘎—敖楞呼都嘎；乌珠穆沁王盖—哈布其盖布日嘎苏—古日奔敖包哈日吉—呼日勒图呼舒—花呼舒—乌孙额和的往来盐商经此。

4.哈穆巴彦盐道：

乌珠穆沁王盖、浩齐特左旗、克什克腾旗往来盐商经此。

5.查干哈达盐道：

浩齐特、克什克腾的盐道。自额吉淖尔经哈日阿图—查干哈达—松根山—巴彦高勒—黄斯图—森吉布仁敖包—巴彦锡里—黑山头达经棚，最远运往辽宁、热河。

6.巴尔虎杭盖盐道：

来自锡林高勒方向的运盐车辆经此。该道出盐池南，经宝日呼吉尔—古日奔锡里—本德尔戈壁—喇嘛库伦，插入巴尔虎大道，达巴尔虎甘珠尔庙。

7.希日嘎道：

察哈尔各旗、多伦、班智达葛根庙运盐道。出希日嘎德日苏—阿日都楞—哈珠乌苏—厚和顶敖包—呼鲁格尔呼都嘎—哈日德日苏—甘珠尔都岗—乌勒辉查干敖包—巴润珠恩布朗—杭盖奥勒姆—班智达葛根庙—额木齐敖包—哈日朝伦呼舒—乌拉因呼都嘎—德林浑迪—纳林额勒苏—因扎干阿玛—巴彦门

德—呼瑞哈格—哈沙图至正白苏鲁克。此道经哈格—哈登呼舒—呼鲁斯太—哈毕日嘎—卓伦高勒——伊和勒都楞—希那根海日汗—宝昌—炮台营子—张北—至张家口。也可以从巴彦门德分出，经古日奔柴达木—额莫格德塔拉—都贵图—鲁布海图—达合勒乌苏—什巴尔台—和日木图—浑图—哈布其勒—哈流图塔拉—宝日勒吉—到达多伦。

8.塔希呼道:

出额吉淖尔，经西巴伦查布其尔—巴拉巴齐阿日善—汉贝庙，西至苏尼特右旗。

9.查干布拉格道:

经苏穆特阿玛至盐池。浩齐特右旗、阿巴嘎左旗岱喇嘛庙等方向的运盐道。

10.五台呼图勒道:

云古泽尔庙、大库伦方向的运盐道。其中有出盐池经脑干五台—阿日浩来—乌珠日查干德日苏—巴拉尔善都—毕其格图至云古泽尔庙道;出盐池经脑干五台—阿日浩来—吉仁—特根召—哈登呼舒—乌里雅斯太，运往大库伦。

11.拜图呼图勒道:

自东进入盐池。云古泽尔庙、巴尔虎、浩日格希热图庙方向的运盐道经此。

运销路线以方向大致可分为:

张家口盐道、多伦盐道、温都尔庙盐道、经棚盐道、阿鲁科尔沁道、巴林左盐道、大阪盐道、林东盐道、巴尔虎盐道、扎赉特、土谢图、扎鲁特盐道、大库伦盐道。

12.张家口盐道:

额吉淖尔—板子哈夏图—哈珠乌苏—哈雅德日苏—哈日布朗—杭盖敖勒木—班智达葛根庙—毕力格（平顶山）—扎扎盖阿玛—纳林额勒苏—伊日盖图海日汗—辉腾锡里—辉腾高勒—古日奔哈日格勒—巴日斯图—和日木图—乌日图塔拉—巴彦门德—塔布格乌孙—都楞—敖楞淖尔—哈格—哈登呼舒—呼鲁斯太—哈毕日嘎—卓伦高勒—伊和尔都楞—希那干海日汗—宝昌—炮台营子—张北—张家口。

13.多伦淖尔盐道:

额吉淖尔—板子哈夏图—哈珠乌苏—哈雅德日苏—哈日布朗—杭盖敖勒木—班智达葛根庙—毕力格（平顶山）—扎扎盖阿玛—纳林额勒苏—伊日盖图海日汗—辉腾锡里—辉腾高勒—古日奔哈日格勒—巴日斯图—和日木图—乌日图塔拉—巴彦门德—古日奔柴达木—额莫格德塔拉—都贵图—鲁布海图—达合勒乌苏—什巴尔台—和日木图—浑图—哈布其勒—哈流图塔拉—宝如勒吉—善都高勒—巴彦朱

日和北—巴彦布拉格—多伦淖尔。

14. 多伦淖尔盐道:

额吉淖尔—贺日斯台戈壁—汉贝高勒—巴彦达赖—班智达葛根庙—哈日其盖—毛盖图—高日罕—贾里库—多伦淖尔。

15. 温都尔庙盐道

额吉淖尔—额和宝拉格—恩格尔呼毕勒—阿日善宝拉格—塔林乌苏—汉贝庙—洪格尔—札兰庙—阿其图乌拉—布图木吉—温都尔庙。这条路经过锡林郭勒盟北部阿巴嘎、浩齐特、苏尼特左旗、苏尼特右旗,至乌兰察布盟集宁、归化。

16. 经棚盐道:

额吉淖尔—哈日阿图—松根山—巴彦高勒—黄斯图—布奶子庙—森吉布仁敖包—巴彦希里—伊和乌拉—阿其图乌拉—黑山头—散义—经棚,运往热河、辽宁。

17. 阿鲁科尔沁盐道:

额吉淖尔—巴嘎额吉—朝克乌拉—巴彦希里—吉林高勒—猴头庙—乌兰陶勒盖—大青宝拉格—毕流台—通布—嘎察—大营子—林西—大泉—平顶庙—大阪—林东—阿鲁科尔沁。

18. 大阪道:

额吉淖尔—巴彦呼舒—王盖—葛根庙—迪彦庙—五十家子—岗根庙—舌鲁满汉—白塔—大阪。

19. 林东道:

额吉淖尔—巴彦呼舒—王爷庙—哈日阿图—哈日根台—因扎根庙—浩勒图—图木徐珠—西三敖包—林东—天山—开鲁。

20. 巴尔虎道:

又称巴尔虎杭盖。额吉淖尔—拜图呼图勒—楚勒图木浑迪—浩日格勒津陶拉盖—呼布沁戈壁—诺门罕葛根敖包—珠恩塔赫拉噶图—莫日根恩格尔—苏勒陶拉盖恩格尔—扎门呼舒—哈拉塔尔呼舒—哈拉哈查干乌拉—巴尔虎。也可以出盐池,经哈拉盖图呼图勒—要海图—塔奔套布格塔拉—宝音图呼都嘎—迪彦北—宝润台南—巴彦塔拉,横穿巴彦霍布尔进入喀尔喀境内。还有一条是经布日敦恩格尔—老哈沙漠—额日木图色格尔—珠特巴花进入今蒙古国境内,直至巴尔虎。巴尔虎道直达海拉尔、满洲里,通往俄罗斯。

21. 王爷庙道:

又称黑龙江道。出额吉淖尔,经喇嘛库伦庙—新庙—嘎黑勒庙—旗庙—高彦—佛母哈达—乌兰岗嘎、哈日淖尔—苏津达巴—阿拉达尔—大石寨—王爷庙,往东通往长春、洮南。

22. 土谢图道:

沿王爷庙路,至农乃庙渡河,

东南经扎格斯台古尔—喇嘛亥钦达牟尼—浑迪达巴通往扎鲁特旗。这条路出额吉淖尔，经奈曼敖包—塔西拉嘎—阿日斯朗敖包—筛图古尔—阿拜朗古尔—哈日阿拉克图古尔—乌兰达巴—道特淖尔准宝莫—色格尔—奔巴图通往扎鲁特旗。

23. 云古泽尔道：

额吉淖尔—脑干五台—阿日浩来—乌珠日查干德日苏—浩雅尔阿木斯尔图呼都嘎—巴拉尔善都—嘎塔布其—毕其格图西麓—乌里呼图勒，进入喀尔喀境内，至云古泽尔庙。

24. 大库伦道：

额吉淖尔—脑干五台—阿日浩来—特格召—吉仁—哈登呼舒—乌里雅斯太，至大库伦。

草原商道

北元出于对边境贸易的需求多次与明朝交战，迫使其改变封锁蒙古地区经济，禁止商人到草原经商的限制政策，开通沿长城定点、定

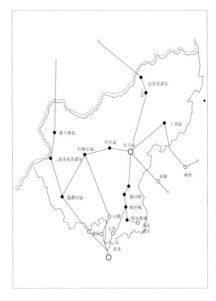

草原商道

期进行物资交流。

康熙三十年（1691年），玄烨皇帝到多伦淖尔召见内蒙古49个旗札萨克王，同意与蒙古地区进行贸易往来，使北京8大商号在多伦淖尔

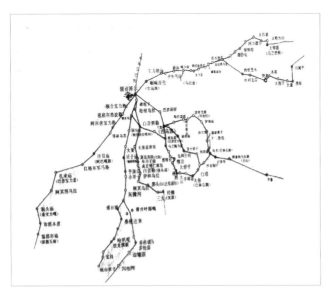

额吉淖尔盐道

开店铺，大量旅蒙商到乌珠穆沁经商。

康熙三十年（1691 年），北京 8 大商号在多伦淖尔开设店铺，清朝发放保障其财产的安全证书。所以称这些商人为"持有保障生命、财产证书的商人"。之后多伦淖尔逐渐扩展成商业中心的同时，流动商行一直延伸到乌珠穆沁草原，其他地区商人也陆续到乌珠穆沁经商。尤其是黄教的广泛传播被流动商所利用，进而产生"寺庙交易"。当时的贸易主要是商品交换，畜产品和青盐成为主要货物。当时到东乌珠穆沁旗和经东乌珠穆沁旗至蒙古国共有 5 大商道。

第一商道：多伦淖尔—召乃曼苏木—桑根达来—那日图—乌日图塔拉—恢腾锡力—贝子庙—额吉淖尔—喇嘛库伦（乌里雅斯太）—萨麦—蒙古国。

第二商道：北京—张家口—多伦淖尔—经棚—王盖（现西乌珠穆沁旗巴拉嘎尔高勒镇）—喇嘛库伦—萨麦—蒙古国。

第三商道：北京—承德—赤峰—大板—林西—王盖—喇嘛库伦—萨麦—蒙古国。

第四商道：张家口—张北—康保—太仆寺—四郎城—贝勒庙—贝子庙—额吉淖尔—喇嘛库伦—萨麦—蒙古国。

第五商道：赤峰—吐列毛都—嘎亥勒庙（东乌珠穆沁旗嘎亥勒苏木所在地）—新庙（东乌珠穆沁旗道特淖尔镇所在地）—宝力格庙—喇嘛库伦—萨麦—蒙古国。

商贩主要是带来粮食、砖茶、布匹、日用品和简易生产用具，一块缎子袍面或 2 块丝绸袍子面交换 1 匹马或 1 头牛，一漳缎袍子面能换 1 匹好马，6 方块布或 1 块砖茶换 1 只羊，1 个木碗或 1 个瓷碗换 1 张羊皮，1 把蒙古刀换 1 张狐狸皮，其他货物也是由双方磋商后进行交易。流动商一般春来秋归。

丘处机北上

丘处机生于金熙宗皇统八年（1148 年），山东登州栖霞人。丘处机 19 岁出家为道，拜全真道教主王重阳门下。王重阳为他取名处机，字通密，号长春子。

1217 年，丘处机接任全真道第五任掌教，全真道进入鼎盛时期。此时，南方有宋，中原、东北有金，西部有夏，成吉思汗也已统一草原，建立蒙古帝国，中华大地由"三国演义"变成"四国演义"，群雄逐鹿，狼烟滚滚。

民间传说，丘处机有长生之术，其年龄有 300 岁。"四国"之中，有3位帝王先后邀请丘处机,首先是金宣宗,他请丘处机赴汴梁（金朝都城,今河南开封）；第二是宋宁宗,他请丘处机到临安（南宋都城,今杭州）；第三是成吉思汗,他请丘处机临草原。丘处机认为金朝有"不仁之恶",南宋有"失政之罪",都被他拒绝了,丘处机选择了成吉思汗。

1219年阴历五月,成吉思汗派刘仲禄赴山东邀请丘处机。刘仲禄奔波达7个月,于阴历十二月到山东莱州昊天观。《长春真人西游记》载:"成吉思汗遣侍臣刘仲禄显虎头金牌,其文曰:如朕亲行,便宜行事。及蒙古人二十辈,传旨敦请。"成吉思汗派遣近臣刘仲禄带着虎头金牌,金牌上刻着"如朕亲行,便宜行事"8个字。跟随刘仲禄同行的有20名蒙古兵,刘仲禄传达了成吉思汗的圣旨,恳切邀请丘处机莅临草原。

《长春真人西游记》是丘处机的弟子李志常跟随丘处机西行写的日记,该书成书于1228年,共二卷。上卷写丘处机师徒西行来到大雪山（今阿富汗兴都库什山）西北坡八鲁湾成吉思汗行宫觐见,然后回到中亚名城撒马尔干（今乌兹别克斯坦）。下卷记载丘处机讲道的经过、东归的行程。此书不但记录了丘处机一行沿途所见的山川地理、风土人情,还记录了丘处机的生平以及途中诗作。此外,该书还收录了成吉思汗的诏书一道,圣旨四道。

1220年正月十八,73岁高龄的丘处机带赵道坚、尹志平、夏志诚、王志明、李志常等18名弟子离开昊天观,阴历二月二十二到达燕京。成吉思汗虽然不住在燕京,但燕京的蒙古军将领知道,成吉思汗已于1219年六月西征花剌子模。丘处机觉得自己年事已高,万里迢迢,恐有不测,他想约成吉思汗来燕京见面。于是,他给成吉思汗写了一封信。

丘处机在燕京逗留了近8个月,1220年阴历十月,丘处机才收到成吉思汗的回信。成吉思汗信中写道:"云轩既发于蓬莱,鹤驭可游于天竺。达摩东迈,元印法以传心；老氏西行,或化胡而成道。顾川途之虽阔,瞻几杖以非遥。爱答来章,可明朕意。"成吉思汗既客气又恭维,他说,您的仙驾既然已经从蓬莱驶出,还是可以到达西域天竺的。当年达摩东来,创立禅宗之法,心灵得到超脱；老子西行,教化西方胡人,自身修成正果。我离您虽远,但对于您这样的得道仙人来说,用拐杖量几下就到了,算不了什么的。这样回复您的来信,足以表明我对您诚意。同时，成吉思汗又命刘仲禄："无使真人饥且劳，可扶持缓缓来。"

成吉思汗与丘处机第一次见面之前，一直称他为"真人"。从第二次见面开始，称丘处机为"神仙"，此后，再也没有改变。

丘处机和成吉思汗的使臣商量后，确定1221年春天出发。丘处机又在燕京过了一个冬天，二月初八登程北上，经察哈尔、乌珠穆沁等地，四月初一抵达漠北草原成吉思汗的老营。成吉思汗最小的弟弟帖木格留守于此。帖木格为丘处机提供了马牛各百匹（头）。辞别帖木格，丘处机由漠北草原，横穿蒙古本土，于1221年阴历十一月十八，到达撒麻耳干城。据与丘处机同行的徒弟李志常撰写的《长春真人西行记》记载，丘处机等人从燕京至贝尔湖，横穿锡林郭勒南部和东部地区，察哈尔和乌珠穆沁，……四旁远有人烟，皆黑车，白帐，随水草放牧。尽原隰之地，无复寸木，四望惟黄去白草。丘处机由东至西横穿现乌珠穆沁草原，留下的路线渐渐消失。

丘处机在城中又过了一个冬天，1222年三月初，在成吉思汗的大将博尔术保护下渡过阿姆河（今乌兹别克与阿富汗界河），四月初三到达成吉思汗驻地。

丘处机从燕京到成吉思汗的驻地，历时14个月，行程万余里。《长春真人西游记》记载了成吉思汗与丘处机的12次谈话。

丘处机对成吉思汗说了很多很多，但归纳起来只有三个方面：一是治国之理——止杀，二是强身之要——清心，三是教民之法——行孝。

1223年三月初十，"辞朝行"，丘处机离开成吉思汗返乡。丘处机离开成吉思汗，又走了大约一年。1224年春，丘处机西行归来，到

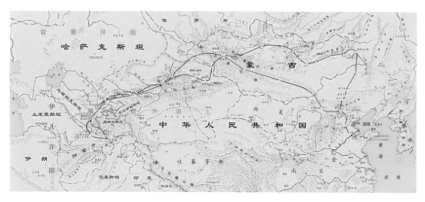

丘处机西行线路图

达燕京。在他余生的三年多时间里，再也没去山东。

1227年，成吉思汗全力进攻西夏，战事很紧张，但他仍不能忘记丘处机。《长春真人西游记》载："五月二十有五日，道人王志明至自秦州，传旨改北宫仙岛为万安宫（北京北海太液池南部），长春观为长春宫（今白云观），诏天下出家善人皆隶焉，且赐以金虎牌，道家事一仰神仙处置。"

一般来说，佛家修炼的地方叫寺，道人修炼的地方叫观，帝王的住所才叫宫。成吉思汗改"观"为"宫"，这说明成吉思汗把丘处机视为帝王。礼遇之高，由此可见。

1227年阴历七月初九（公历8月22日），丘处机在北京白云观仙逝，享年80岁。阴历七月十二（公历8月25日），成吉思汗病逝于甘肃省清水县，享年66岁。

苏蒙联军路

1945年8月8日，苏联对日宣战。8月9日零点钟声过后，苏联红军兵分四路越过中苏、中蒙边界，对日本关东军发起全线攻击。第一路苏军会同蒙古军队取道满洲里，越过大兴安岭，突入东北中部平原，直插长春、沈阳，切断关东军与华北日军的联系；第二路苏蒙联军向承德、张家口和锦州方向进军；第三路苏军从东面突入东北中部平原，进击牡丹江、敦化地区，随后进攻吉林、长春、哈尔滨；第四路苏军从北部强渡黑龙江、乌苏里江后向齐齐哈尔、哈尔滨进军。

1945年8月10日，30万苏蒙联军第二路军一部，分三路经过乌珠穆沁左右翼旗境向南挺进。东路经原乌珠穆沁左翼旗农乃庙，渡乌拉盖河，向原昭乌达盟经棚镇进发。中路经东乌珠穆沁旗新庙，南渡乌拉盖河。西路经乌珠穆沁右翼旗萨麦、喇嘛库伦。当时，机械化部队留下的道路痕迹，已变成凹地，至今依稀可见。

苏蒙联军出兵东北示意图

风流人物

HUASHUONEIMENGGUdongwuzhumuqinqi

风 流 人 物

FENGLIURENWU

乌珠穆沁人杰地灵，豪杰贤者辈出。这里既有翁衮都喇尔、多尔济车臣济农等智勇双全的部落首领，也有丹赞拉布哈、公布扎布、吉利占泰、波·都古尔等名扬蒙古族文化领域的哲人名士。

翁衮都喇尔

翁衮都喇尔

翁衮都喇尔（16世纪中末），是成吉思汗第十五代巴图孟和大延汗之孙博迪阿喇克汗季子，他统领部落时期，正式启用了"乌珠穆沁"名称。

翁衮都喇尔诺颜有五子，四个儿子均先故于父亲，于是，最小的儿子多尔济车臣济农继承了乌珠穆沁部族首领之位，翁衮都喇尔诺颜其他四个儿子的后裔分别继承了：劳斯沁、希日努德、塔毕德等部落首领之位。

多尔济车臣济农

多尔济车臣济农

多尔济车臣济农（16世纪末至1646年），蒙古族，翁衮都喇尔之第五子。父亲去世后继承了乌珠穆沁部族首领，17世纪初，带领侄儿色楞及部落投奔于喀尔喀车臣汗硕垒，游牧在克鲁伦河一带。崇德二年（1637年），多尔济车臣济农与喀尔喀车臣汗硕垒、苏尼特苏日赛音巴特尔济农、浩齐特齐林依勒敦图什业图、阿巴嘎图斯格尔札萨克图济农归顺清王朝。顺治三年（1646年），乌珠穆沁部落被分为左右两翼旗，多尔济车臣济农统辖右翼旗。

色楞额尔德尼台吉

色楞（1608—1671年），蒙古族，翁衮都喇尔长子朝克图巴特尔诺谚之子，封号额尔德尼台吉。

17世纪初与其叔父多尔济车臣济农一同率所辖部落移居喀尔喀克鲁伦河。崇德二年（1637年），带长子敦德布、二子额尔和合塔德归顺清王朝。崇德三年（1638年），色楞额尔德尼台吉随兵参与呼和浩特附近讨伐喀尔喀札萨克之战。被御赐铠甲钢盔、弓箭、银绸。顺治三年（1646年），色楞额尔德尼台吉被封为札萨克贝勒，保留额尔德尼封号，世袭治理乌珠穆沁左翼旗。执政25年，康熙十年（1671年）去世。其子皆先于父去世，由二子额尔和合塔德之子毛力海继位额尔德尼贝勒爵位。

苏德那木拉布登亲王

苏德那木拉布登（1884—1936年），蒙古族，乌珠穆沁右翼旗第

色楞额尔德尼台吉

苏德那木拉布登亲王

十一代札萨克阿拉坦呼雅格图之子，乌珠穆沁右翼旗第十二代札萨克，和硕车臣亲王。自1899—1936年在位37年中，经历了清朝末期的动荡、民国初期的战乱、日本帝国主义的侵略等复杂的历史时期。他曾任锡林郭勒盟盟长、察哈尔省政府委员、蒙疆自治委员会主席、蒙疆军政政府主席要职，是20世纪二三十年代叱咤中国政坛的风云人物。

苏德那木拉布登亲王是一位爱国者，对日本帝国主义的侵略采取抵抗不合作态度，怒斥蒙疆独立活动是"第二个满洲国"。日军侵占锡林郭勒地区后，他拒绝与日本合作，远离政治，终悲愤而亡。

苏德那木拉布登亲王是位开明、有作为的人物，在他执政时期，开办学校、培养医士、发展手工业，为维护全旗的完整、民众的安居做出了不懈的努力。

丹赞拉布哈

丹赞拉布哈，蒙古族，莫罗木喇嘛庙第四世活佛，道木德地区如佳首领之子。幼年起在西藏色拉寺学佛，获得拉隆巴学位后返乡。之后受班禅大师之命到蒙古地区传教，先后在阿巴嘎旗、浩齐特右旗、乌珠穆沁右翼旗等地传教。后在乌

丹赞拉布哈

兰哈拉嘎沙地兴建乌兰哈拉嘎庙。

丹赞拉布哈精通藏、蒙古语文，在乌兰哈拉嘎庙期间，为众僧侣编写的拉木日玛日哈、希日吉日嘎两部经书，成为佛教在乌珠穆沁草原传播的开端，同时，他还将藏文《甘珠尔》译成蒙古文，讲授予乌珠穆沁亲王色登敦德布。

他审修青海蒙古学者却吉敖斯尔所著的蒙古文语法《心鉴》，并为此编写了《上苍玛尼》一书。

清康熙年间，丹赞拉布哈应乌珠穆沁亲王色登敦德布之邀，前往白音额尔和图（现东乌珠穆沁旗所在地乌里雅斯太镇后山）围建众蒙古包修行念佛，后又在此地建庙，"莫罗木喇嘛库伦庙"由此得名。

公布扎布

18世纪文化名人——乌珠穆

公布扎布

他也是一个负有盛名的翻译家。18世纪40年代，他主持翻译了印度、西藏文化巨著《甘珠尔》（《大藏经》）《丹珠尔》，为翻译工作之需还编撰了《藏语简明读本》等辞书。

他又是一位知识渊博的佛学家。他曾把藏文《大藏经》里的《造像量度经》翻译成汉文，并用藏文撰写了《汉地传教史》一书，此外，还编著有《蒙藏汉药物名称》等著作。

沁公布扎布公爵，生于清康熙年间，系锡林郭勒盟乌珠穆沁右翼旗一等台吉，镇国公奥德莱之子。他在康熙年间（1662—1722年），到北京就读于国子监，学习满蒙汉藏语言，后又学了印度语、梵语及维吾尔语，精通八种语言文字。他自雍正元年起掌管藏学堂达三十年之久。

公布扎布公爵是著名的历史学家。雍正三年（1725年），他撰写了蒙古历史名著《恒河之流》。这部著作克服了清朝统治者及当时宗教界对蒙古历史的歪曲，用事实否定了"藏蒙同源论""满蒙同源论"，客观真实地记录自成吉思汗以来的蒙古历史，对蒙古族历史研究产生了深刻而长远的影响。

吉利占泰

吉利占泰（1906—1960年），幼名那松巴图，字永亭，蒙古族，原乌珠穆沁右翼旗格布图勒氏朝伦巴特尔之子。18岁就精通蒙、汉、

吉利占泰

藏、满四种文字，任乌珠穆沁右翼旗衙门文书。24 岁升为文书章京，1937 年任察哈尔省省府助理、山西省太原市政府助理、民国政府蒙藏委员会调研员、甘肃省省府四级文秘、参议等职务，加入国民党。

1947 年，吉利占泰出任蒙藏委员会专员、察哈尔省委员会委员、国民党中央立法委员会委员等职务。中华人民共和国成立以后，在西北民族大学翻译系任教，1960 年返回东乌珠穆沁旗教育局工作。

吉利占泰擅长医学、美术、缝纫等多方面的技艺。尤其对诗歌有天赋，他整理了民间文学，为后人留下了《蒙藏药方》《蒙古语语法》《万字注解》等作品。

额日很巴图

额日很巴图(1921—1984 年)，蒙古族，东乌珠穆沁旗额和宝力格苏木人。

1956 年，在东乌珠穆沁旗成立了第一个公私合营的"额日很巴图牧场"(后来的额和宝力格苏木)，任私方场长至 1980 年。1981 年当选为东乌珠穆沁旗第六届人民代表大会常务委员会副主任。

解放战争、抗美援朝及祖国的经济恢复等重要时期，他先后捐赠款物支援国家。1964 年当选为第

三届全国人大代表和第四届政协委员，参加了第三届全国人民代表大会和第四届政协大会。

1958 年，他出资从西乌珠穆沁旗聘请老师，腾出自己的蒙古包办了一所蒙古包学校，即后来的额和宝力格苏木学校。1984 年，其家属按照遗嘱为额和宝力格苏木小学捐赠 7 万多元人民币，支援教育事业。当年东乌珠穆沁旗委、旗政府决定在额和宝力格学校立碑一座，以彰其德。

波·都古尔

波·都古尔(1930—2006 年)，蒙古族，著名诗人、作家、学者。波·都古尔于 1930 年 12 月 28 日生于原昭乌达盟扎鲁特旗霍林和林乡。在他一岁时全家搬至原乌珠穆沁右旗劳斯沁苏木定居。

波·都古尔自 1973 年起先后任东乌珠穆沁旗胡日图淖尔公社组宣委员、旗蒙古语言文字办公室副主任、旗文化局局长、旗政协常委、锡林郭勒盟文学艺术界联合会副主席、作家协会主席、盟政协委员等职务。

主要作品有：《激动的心》《英雄那日玛》《幸福的接见》《闲人遐思》等诗集，《达赖喇嘛仓央嘉措诗选》等译作，《枫树》《八小

时以内》《都仁扎那》《远方来信》《苍老的榆树》《走失的母牛》等二十余部剧作，《聪明的牧羊人》《妈妈的儿子》《金钥匙》《懒汉》《东英花白牛》等二十余篇相声，《请柬》《丰收乐》等十余台表演唱，《论布日乃王》《成吉思汗三个重要战役遗址》《察哈尔林丹汗的奥齐尔图查干城》《都仁扎那其人其歌》《乌珠穆沁毛拉姆拉巴金巴》等学术论文及《蒙古星相学》《白螺之音》等专著。

他曾获得过全国劳模、全区乌兰牧骑演出一等奖、艺术"萨日娜"奖、《花的原野》杂志社颁发的"金图拉嘎"奖。2005年，东乌珠穆沁旗委、旗政府授予他"乌珠穆沁著名诗人、学者"荣誉称号；内蒙古民间文艺家协会授予其家庭"民间文艺之家"称号。

他生前担任中国民间文学研究会会员、中国少数民族作家协会会员、内蒙古作家协会理事、东乌珠穆沁旗文学艺术界联合会名誉主席、东乌珠穆沁旗蒙医学会名誉会长、东乌珠穆沁旗乌兰牧骑顾问等社会职务。

乌珠穆沁民俗

HUASHUONEIMENGGUdongwuzhumuqinqi

乌珠穆沁民俗

WUZHUMUQINMINSU

东乌珠穆沁旗位于锡林郭勒大草原最东段，东临大兴安岭，北接瀚海，因地理和历史的原因，较完整地保留了蒙古族游牧文化传统，也创造了有别于其他部落的独特的风俗文化。

"乌珠穆沁"系蒙古语，意为葡萄山之人，是蒙古族古老部落名称。相传在久远的年代，乌珠穆沁部落从盛产葡萄的阿尔泰山西麓的名叫乌珠穆查干乌拉的地方迁移到这片美丽的草原。从此在马背上漂泊，在坦荡无垠的草原上，在漫漫岁月风雨中游牧繁衍。

乌珠穆沁辽阔平坦的大草原，近似严酷的自然环境和繁杂艰苦的牧业生产实践，陶冶了乌珠穆沁人豪放、纯朴、善良、奋进的情操，锻炼和增长了牧民的才智。在这样的自然和社会环境里，形成了鲜明的地域特色和古朴浓郁的民族风情。

由于地处边疆，牧民生产生活主要依靠畜牧业，因而至今仍保留着传统的生活方式和民族习惯，并形成了独特的民族风俗，是我国蒙古民族风俗习惯保留最为完善的地区之一。

乌珠穆沁蒙古人热情豪放，崇尚礼仪，有着悠久的文化传统，长幼路人见面先问好，后问话，客人至，敬茶、敬酒。节日或贵客至，互赠哈达、闻鼻烟、敬美酒，盛情款待。别具特色的民俗民风，一直令世人赞叹。

乌珠穆沁饮食文化
独具特色的乌珠穆沁美味佳肴

乌珠穆沁饮食文化十分丰富，风味食品主要以奶食品、肉食品为主。乌珠穆沁蒙古人视奶食品为珍品，每逢拜年、祝寿、招待宾客都以品尝奶食、敬献奶酒为最美好的祝愿。奶食色香味各异，或酸甜爽口，或香而不腻，属上乘营养食品。牧民还用奶制成多种饮料，主要有奶茶、酸奶、奶酒、酸马奶等。酸马奶和奶茶是蒙古族最具代表性的饮料。浓茶加鲜奶烹制的奶茶，提神、消食、消暑，是牧民生活中不可缺少的。而酸马奶不但营养丰富、醇香可口，而且具有很高的药用价值，是消食、健胃、活血的良药。

奶食品

乌珠穆沁人称奶食品为白食，蒙古语称"查干伊德"，意思是纯洁的奶食品。奶制品分为食品、饮料两大类。食品主要包括奶皮子、奶酪、奶油、奶豆腐、奶饼等；饮料主要有，奶茶、酸奶等。

酸奶：牛、羊（山羊）、骆驼的鲜奶或熟奶经过发酵制成酸奶。

奶豆腐：奶豆腐，蒙古语称"胡乳达"，是常见的奶食品。用牛奶、羊奶等经凝固、发酵而成的食物。味道有的微酸，有的微甜，乳香浓郁，牧民很爱吃，常泡在奶茶中食用。出远门当干粮，既解渴又充饥。

其做法是把熬制奶皮剩下的奶浆，或提取酥油后余下的奶渣，倒入奶缸放置几天。待其发酵后，捣拌1000~1500次，将乳油分离出来。当奶浆或奶渣凝结成块时，用纱布把多余的水分过滤掉，然后将固体部分，在锅里文火煮，边煮边搅，直到黏着程度合适时，再装进布袋里，用大石头进一步压出黄水。

制作酸奶

奶豆腐

最后取出来切成块晒干。

奶酒：把发酵的酸奶倒入锅中，上面扣一个无底木桶。木桶内侧上端有几个铁钩，将一个小陶瓷罐挂在木桶内侧的小钩上，使其悬空吊在木桶中央。木桶口上放上装有冷却水的铁锅。烧火煮奶，蒸气不断上升到铁锅底部，遇冷凝聚滴入小陶罐中，成为色泽清亮如水的液体，这就是头锅奶酒。头锅奶酒度数不高，叫"阿尔乞如"。还可以将头锅奶酒多次蒸馏，使酒的度数逐次提高。二酿的奶酒叫"阿尔占"，三酿的奶酒叫"浩尔吉"。

草原鲜奶杂质少，不含植物纤维，用其酿出的奶酒所含甲醇、异丁醇、异戊醇成分极低；铅、汞等重金属不足国家标准的十分之一；甲醛含量几乎为零。故而奶酒饮后不上头、不伤胃、不损肝、无异象，

被众多饮者誉为"豪饮不伤身"。

奶酒富含人体所需18种氨基酸，多种维生素、矿物质，其维生素含量比牛初乳还高，B5是人乳的20余倍，钙、铁、硒等微量元素亦十分丰富，特别是能够促进人体微循环的烟酸含量已达药用水平。

肉食品

乌珠穆沁人称肉食品为红食，蒙古语称"乌兰伊德"。肉食品内容十分丰富，其中以手把肉为主食，成年羯羊从宰杀到上席仅三刻钟左右，火候之嫩可与涮肉媲美，味道之鲜涮肉望尘莫及。大块饱食不腻，佐以奶酒更增添了豪爽奔放的韵味。

乌查：乌查也称羊背子，是蒙古族人民的传统佳肴，不单是美食，也是非常传统的礼节用品。是乌珠

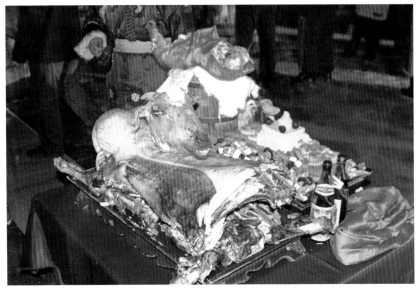

乌查

穆沁牧民嫁娶、节日招待亲友时的传统佳肴。把全羊卸成七大件（不含胸叉），放入锅中，加上凉水，待锅开后，加上少量的盐，讲究火候（过了则老、不可食用），待煮好后，取出放大盘子中摆成羊的爬卧姿势，即可上席。制作乌查，选肥绵羊胴体，从腰窝往前数第四根肋骨处割断腰脊椎骨，把后面部分的肋骨分别展开，去腿骨留尾成五叉形，把前面部分按骨节分开压在五叉下。然后白水加盐煮熟而食。祝词完毕，主宾将木盆调转，使羊头面向主人，主人从身上抽出精致的蒙古刀，在全羊四周割少许，放在小杯中，向天泼散，意为将圣洁的食品先敬上苍和大地。然后把羊肉极熟练地卸成不大不小的五十多块，摆放好后再将羊头放上去，调转木盘，把刀柄递到客人手里。主宾将羊头取下去，把全羊荐骨部两侧各切下三条肉，左右交换放下，然后让大家用餐。

全羊：全羊系餐中之尊，在喜庆节日里，将羊的四肢和头部连成整羊状，置于大盘或木板上，全羊呈爬伏状，先供于佛像前，然后年长者过目，把羊头置于佛像前的桌子上，连同全胴体一块煮熟，羊卧盘中，脖系一条红色绸带，在吃羊之前，颂全羊赞。然后要请一位到场的德高望重的贵宾，在羊头的前额上用刀划一个十字，以表示永久和吉祥，也可在羊头上涂抹白的奶油或摆放在其他的奶食品上以表示吉祥如意。

住行在乌珠穆沁
传统的居住方式

由于蒙古族"逐水草而居"的传统特点，牧民的居所是一种拆卸自如，便于移动，冬暖夏凉，适合于游牧生活的蒙古包。蒙古包主要构件是轻便木制哈那（墙架）和顶架，外围用洁白的羊毛毡包裹，室内铺地毯，包顶和毡盖及门帘上嵌有美丽的图案。蒙古包是乌珠穆沁牧民传统居室，包为圆形穹顶，便于拆迁，适宜游牧生活，其结构为支架、天窗、包顶木杆、立柱、门和毡片。蒙古包高2米以上，直径5米左右，立包时，先选定地点，立起支架和门，然后以木杆连起天窗和支架，使整个框架张开呈伞状，毡片覆盖其上，用毛绳加以固定。包门一般向着太阳升起的地方，门帘镶有民族特色的花纹。毡包立制完毕，内部要进行布置，包内的正中上方摆箱子或桌子，两边靠支架处摆放柜子、衣被、粮食等物，并用织锦布或地毯覆盖，门侧放碗架、炊具、酥油桶、挤奶桶等物，包中央是锅灶，上方和两侧铺地毯或毛毯。一家新蒙古包制成，远亲近邻都来祝贺，主人设宴款待来宾，前来祝贺的人要致祝赞词，祝赞词内容全系对蒙古包的赞美和对主人的祝福之词。如今许多蒙古族群众在草场上建定居点，住上了土木结构或砖木结构的房屋。

蒙古包的"圆形"特点是由蒙

逐水草而居

蒙古包

古高原平坦辽阔的地形，冬春季节多大风和夏秋季节多暴雨的地理和气候条件决定的，也与蒙古民族对天地日月的认识和崇拜有关。蒙古包下圆上锥形外部造型，从任何角度受风阻力都小而且不易被大风刮倒；可全面快速排出雨雪而不易被大雪压垮或在大雨中漏水。

蒙古包内部造型为天地日月组合型，蒙古包的天窗为日月形，乌尼杆围绕天窗形成日月光芒四射状，哈那组合成天幕状。蒙古包内部天地日月组合的独特造型，具有了计时功能，这是蒙古包与其他任

何居室相区别的又一大特点。蒙古包的60根乌尼杆围绕在圆形天窗，每一个乌尼杆之间形成6°角，全包内形成360°角，形如今天的钟表。日出日落，阳光从天窗射入蒙古包内，每天的光线在蒙包内顺时针绕一周，牧民根据太阳光线照射的不同位置确定时间，因此蒙古民族是世界上最早掌握太阳时的民族之一。

"色白"是蒙古包的又一个基本特点，蒙古人自古尚白贵白，以象征纯洁、真诚、光明和希望的白色做蒙古包的基本颜色，以此祝

福大草原的光明未来。

蒙古包由木制构件、毡制结构和带索构件三大基本结构组成，在建造和迁居过程不使用一锹土和一块砖瓦，因此不产生对周围生态环境的破坏作用而具有了难得的环保居室的特点。蒙古包的环保特点充分体现了蒙古民族崇拜自然和保护自然的优秀传统风俗。

传统的交通工具

从前，乌珠穆沁蒙古人的交通工具主要是马和勒勒车。蒙古人养马的最终目的是以马代步。他们在长期的实践中掌握了一整套科学的养马、驯马和用马的生产技术，而根据实际需要和马本身的条件训练出各种用途的马。蒙古人的生活、交通运输、出征打仗都离不开马，他们充分利用马的力量和速度创造了辉煌的历史。鞍具十分考究，鞍形多为元宝状，镶嵌雕花银铜，美观华贵。搬运物品常用马或骆驼驮运，货物多时用勒勒车。现在随着社会的发展进步，一般都用机动车运输。

勒勒车是草原上最普遍的复合型交通运输工具。"勒勒"来源于牧民吆喝牲口的声音。勒勒车具有悠久的历史和高超的制造技术，车轮高大是它的主要特点，在平缓无路的草原上可通向任何地方。勒勒车是牧民游牧迁徙的交通工具，以前每家都有十几辆勒勒车，有分水车和库车等不同用途的车。每当迁

乌珠穆沁白骆驼及其幼驼

勒勒车

徙时，常有十几辆勒勒车前后相连，像一列行进在草原上的列车。蒙古人还用勒勒车进行长途运输，一个人赶十几辆勒勒车，几十个人组成一个车队，从盐湖拉食盐或拉粮食。

节庆、婚娶

乌珠穆沁人的节庆活动主要有春节、那达慕等。

春节

蒙古语称为"察汗撒喇"，意为白色的月份，白色象征吉祥、纳福，为此蒙古族十分崇拜白色。把岁首的正月称为"白月"，意味着在新的一年里人畜兴旺，吉祥如意。除夕之夜，外出的人都要尽量回家团聚，举家坐在一起饮酒，吃奶酪、饺子、手抓肉等。初一早上晚辈要给长辈拜年、献哈达表示祝福，同辈之间互相拜年，并互相敬酒问候。

备过年：乌珠穆沁蒙古族过年习俗与其他蒙古族部落一样，有条件的要准备新衣服，除夕就穿上。祭火至除夕要去看望长辈、过本命

年、探望出嫁女儿等。探女儿时要送整羔羊礼品。如果直系长辈过本命年时，除夕到长辈家祝寿。

除夕要清扫尘土、备整羊、炸馃子、摆新年奶食盘、准备饭茶。打开佛龛，挂上飘带，点燃佛灯香料，在盘里摆上奶食、奶皮、月饼、糖果、奶油。

拜年

有的地区要摆放胫骨，上面放上三块羊尾用竹签串连，上面用奶油装

冬季赛马

点，或把长条馃子摆上几层，上面放上羊尾、白油。这叫祭佛食品。

太阳落山后，在蒙古包西南方向150米处用雪堆祭祀敖包。

除夕夜幕降临后，把畜群圈上，全家人在一起依次入座。每人碗里放上炒米、奶食喝除夕茶，品尝除夕奶食。之后摆上整羊、奶食，从户主开始斟酒，除夕宴开始。户主举杯诵除夕颂词，大家共同说"祝颂应验！福寿永存"，户主分整羊。

除夕家宴开始唱"圣主成吉思汗"或"前世善因"歌，唱三遍，大家陪唱三遍，喝三杯酒，最后吃除夕饭。除夕饭吃闭合饭，要把燎好的羊头煮熟，在脑门上划十字，与一块羊尾、胫骨放在盘内摆在蒙古包东北侧。一般先吃羊肉，其次吃蒸饺子，再吃拌酸奶食，完成"三锅饭"的数量。

在家完成除夕仪式后，到亲属或左邻右舍家相互致除夕之礼。先到长辈家，每家都要走到，从西侧主户开始串门，要挨户转，不能留下同一浩特任何住户。女主人出门迎接除夕客人，入包后敬除夕茶，摆放奶食、敬酒，唱三首歌，喝三杯酒，上除夕饭。人们必须在午夜前回家。

过年：乌珠穆沁人初一早晨起来后到祭天敖包前，全家老少每人持一包用棉花包住的蘸黄油的香，点燃后插在除夕堆积的祭天敖包上，将奶食敬酹四方，顺时针转敖包三圈在敖包前下跪叩头，骑上马朝喜神方向出发，并从福神方返回。回到蒙古包全家进行拜年仪式。请长辈坐上座，晚辈手捧哈达向长辈叩头拜年，接受长辈祝福，夫妻间不互拜。

拜完年，喝茶品尝奶食，喝新年酒。长辈诵新年祝酒词，唱三首歌、喝三杯酒、吃年饭。出去拜年者回来之后才吃新年晚饭。

初一早晨给孩子们分发肉食、炸馃子、奶食等，除夕、初一各一份。

在家拜完年后，主人领着儿子出去拜年。先到近邻及所有长辈家，所到之处必须挨户拜年。

拜年客人到来时，女主人要倒茶、敬奶食品盘，客人双手接过奶食盘先敬请主人家的老人品尝后方可自己品尝，并将食品盘退还女主人。女主人要敬酒、敬饭。给前来拜年的孩子分送礼品，如肋骨、胫骨、点心糖果等，给外甥送羊背骨，过本命年的赠送礼物。

初二是出嫁女儿回娘家或去公婆、兄长家拜年。

初三是父母、岳父母、长辈到儿子、兄弟、女婿及小辈家拜年，长辈拜年返回时，由主人或晚辈陪送回其家。

拜年者,不能围绕蒙古包狂奔,没有特殊原因不得在外住宿。

喝新年茶: 正月初十以后,收起佛龛飘带,将供品分给家人和邻里。邻里之间开始互请喝新年茶,喝新年茶的前一天,主人要亲自到其家邀请。被邀请的全家人到请人之家同喝茶、品奶食,年长者喝酒拉家常,年轻人玩羊拐、弹羊拐,妇女们掷四样、玩骨牌尽情娱乐,吃完晚饭散席。若有出门在外者要补请一次,如有不能赴邀的老人,把茶、奶品、点心、酒、饭等捎带过去。

本命年: 乌珠穆沁牧民有过本命年、祝寿习俗。除为婴儿过满月和周岁外,每遇13岁、25岁、37岁、49岁、61岁、73岁、85岁等本命年时都举行庆贺。过13岁本命年时长辈祝福孩子"要过7个本命年"。到85岁、97岁祝寿时札萨克王也要前去祝贺。过本命年的人要备茶、奶品、酒、饭招待前来祝贺的人,并回赠礼物。本命年庆贺活动安排在年前或年后,择吉日请亲属、邻舍,举行小型那达慕,进行摔跤、掷四样、玩羊拐、弹羊拐、赛马等活动,得冠亚军者获得牛、羊、物品奖励。

婚娶

提亲: 过去婚姻由父母做主包办。父母在家乡的左邻右舍中物色年龄相仿的女子为儿择偶,便邀请一位懂得婚俗礼节能说会道的媒人,择日去女方家献哈达表明来意。如果女方家接受哈达,热情接待媒人,便是许诺了这门亲事,双方商定"许亲"日子和有关事宜,如果女方父母不同意这门亲事,便推说"女儿尚小"或"以后再说吧"等理由,不接受哈达。

姑娘茶宴: 临近择定的吉日时,双方在一定距离的各自住所搭起5~8个蒙古包,准备婚礼事宜。女方要举行姑娘茶宴。这时待嫁姑娘佩戴随合(头饰),在家长的主持下向前来参加婚礼的亲戚、朋友、邻里献茶、奶食品、敬酒。专门邀请的祝颂人致"姑娘茶宴颂词"。听到祝颂词姑娘要掩面哭泣。

姑娘茶宴结束后,男方首席呼达到女方家商定起程时辰。男方长者向女方赠送哈达、绸缎、月饼等礼物,邀请女方全体人员参加婚礼。女方根据男女双方年龄、属相、生辰八字确定吉辰、接送时间、出行方位、婚宴结束时间等。一般早晨7~9时送亲,上午必须到男方家,下午5~6点散席。商定时辰后男方首席呼达返回。

接亲：婚礼当天早晨，新郎身穿新装，挎马带箭，与男方呼达和亲属5~7人一同起程。男方父亲和妇女不去接亲。首席呼达要穿戴整齐，伴郎牵着为新娘装备的乘骑。

迎亲队伍到达女方家时，女方祝颂人手持蒙古包顶柱挡在门口，与男方祝颂人互相问答、互相讥难。这是双方祝颂人比口才、比机智、比幽默的较量，情景紧张而热烈。之后女方祝颂人将蒙古包顶柱取下，请迎亲队伍进屋。男方按年龄大小依次入座，新郎把弓箭放置在蒙古包右侧顶上。迎亲队伍入座后，女方陪送物品的车辆起程，陪送物品有牲畜、棚车、箱子、铺毡、四季服装、米面、砖茶、碗筷、火剪等应有尽有。

迎亲队伍首席呼达与女方父亲坐在正席，新郎坐在男方亲家当中，之后，先品尝主人敬上的茶点后，女方家宴开始。为考验新郎智慧和力气，让新郎抠羊颈骨、掰羊胫骨，新郎卸下踝骨头，用哈达包好塞入自己右腿靴筒里，到家后压在新备的枕头下面。待礼节结束后，女方向新郎赠送礼物，岳母为新郎换新装系腰带。

新郎在伴郎的陪伴下，把从自家带来的酒倒入女方酒壶里，向岳父母及在场的众人敬酒。女方祝颂人赠送新郎一支箭并致祝颂词。接亲人到女方为婚礼做准备的蒙古包，品尝茶、酒，完成各种礼仪后，男方首席呼达向女方父母请求启程，如女方父母不同意，男方必须耐心等待。待新娘父母同意后上饭，女方抬进用羊肚包扎口颈的酒坛，男方用拳头扎破坛盖，把酒倒入锅里，女方首席呼达用勺将酒酹天，口称"敬献"，大家齐说"祭拜"，男方迎接新娘启程。启程时女方向接亲人一一敬"上马酒"。新郎新娘启程时，新娘用红绸蒙头，进屋顺时针绕火撑三圈，受父母吻别，走到外面依时针方向绕点香火的香炉，男方请篷车启程。

送亲：女儿启程时，女方父亲站在门前，在女儿碗里放奶食招留福禄，女方母亲带领亲属送亲。送亲途中女方送亲人员与男方迎亲者一路短途赛马，进行娱乐。

接送新娘队伍快到新郎家时，男方几名骑手手持盛满奶食品的托盘等候在路上，让送亲队伍一一品尝奶食，把剩余的奶食撒在新娘篷车上，拿着空托盘往回逃奔。送亲队伍的人将其追上，抢过盘子砸在新娘坐的篷车车轮上，这叫"打盘"。新娘到新郎家围绕新房时公婆不出门迎接。绕完三圈，男方嫂子用蒙古包顶柱拦住新娘乘坐的篷车，请新娘下车乘上备好的乘骑，来到新房前下马，献一碗牛奶，新娘抿一口牛奶，在双方嫂子的簇拥下进入梳头包。

婚礼：新娘进包后，请属相相符的人给新娘梳头，梳头人被称为主婚母，十分受尊重，梳头人解开辫子用象牙筷子把头发分开，接亲嫂子们给新娘扎成两条辫子，佩戴首饰。梳头人留下新娘的发套和象牙筷子。

梳头完毕，新娘穿上男方准备的新服，在嫂子的引导下进入正房，戴上手套用奶油敬火神磕三个头，再拜见公婆叩头。新娘手套与新郎带回的踝骨一同放在枕头下面。

公公婆婆为新娘赐名、送礼物。新娘也向公婆及男方亲属赠送礼物。

送完礼物，男方祝颂人给新娘母亲赠送绸缎、马靴、地毯、帽子、元宝等礼物，并在银碗里盛上鲜奶与哈达敬赠新娘母亲，称赞母亲的恩德。这叫回报母亲哺乳之恩。新娘母亲接过鲜奶品尝后，分给新郎新娘。

随后，女方祝颂人祝颂新房。将蒙古包顶盖毡子四边绳系解开，上面放上整羊头、羊尾，胫骨、点心及奶食，祝颂人右手持挂彩带的箭，左手把奶食涂在蒙古包的木架

上，诵新包颂词。之后用箭捅掉包顶毡盖上的食品，蒙古包外的人们分抢，叫作分享新房福气。祝颂新房之后，新郎新娘敬酒宴席开始。

婚宴进行到午后，送亲人启程前到男方各蒙古包品尝奶食酒，到新娘梳头包吃饭。送亲人启程时，新娘子不能出来送客，女方祝颂人说叮嘱词，留一名伴娘。男方为亲家敬献整羊，以礼相待。

探姑娘：姑娘出嫁第三天新娘亲属带着整羊、礼品来探望姑娘，要求新娘娘家近亲每户一人，并带礼品。探姑娘者到新郎所有亲戚家做客，住宿新郎家，第二天返回时伴娘一同回去。

回门：探姑娘的2～3天新娘要回门。新郎陪同新娘回门。岳父岳母设宴招待女儿女婿，新郎当天或住一宿返回，姑娘在娘家住几天回家。女儿回门时要煮羊胸叉，新娘要到送亲者家探望。

华丽高贵的乌珠穆沁服饰

蒙古族的服饰具有自己的审美特征，乌珠穆沁蒙古族特别偏爱鲜艳、光亮的颜色，同时也十分崇尚白色和蓝色这样一些纯净、明快的色彩。美丽的民族袍子用上等绸缎挂面，色调女多为红绿，男多为茶蓝，腰系金黄绸带，宽一幅，长两

丈有余。男子扎腰带，把袍子向上提，显得精神潇洒，而女子则把袍子向下拉展，显得苗条矫健。

文化性是乌珠穆沁服饰的一大特点，以蒙古帽为例，帽顶子象征一个人的气质或朝气，帽缨子象征一个人的兴旺与发达，帽檐象征一个人的气运的升腾，帽子后边的飘带象征着为主人召唤福气。以蒙古袍为例，白色标志纯洁和吉祥，红色标志温暖和热情，蓝色标志辽阔和雄伟，绿色标志繁衍和生息，黄色标志灿烂和崇高。因此蒙古服饰文化内涵和象征意义也极为丰富。

乌珠穆沁服饰的艺术性装饰特点也十分突出，以男女蒙古袍为例，不仅色彩鲜艳丰富，而且都要绲边

镶边，用金银做纽扣。以男女装饰为例，主要用金银、珍珠、玛瑙、珊瑚、翡翠、琥珀、绿松石、青金石等重要材料制作，把蒙古民族服饰的艺术性、装饰性、使用性、保值性和随身携带性特点体现得特别突出。

乌珠穆沁袍：乌珠穆沁青年男子主要选用深蓝色、浅蓝色、深绿或棕色的，女子选用绿色、红色、粉红色等色彩鲜艳的各种绸缎、布匹制作棉袍、夹袍、单袍和羔皮袍子穿在身上。老年人通常用黑色、深蓝、棕色、墨绿色、紫色等朴素颜色的绸缎或棉布制作衣服。蒙古袍缀扣都用白银、白铜、赤铜制作。剪裁蒙古袍一般用6～7米布料，

乌珠穆沁穿蒙古袍子的男子

将布料折四层之后，一剪子将前后襟裁出，并用裁剩的布料裁出内里襟和袖头。

夏天青年男女都穿单褂。男子选用白色绸缎丝绸，女子选用各种颜色的绸缎丝绸。女子在脖领、大襟和袖口处用2～3种颜色的库锦镶边或用丝线绣上各种图案，男子穿只用一种颜色镶边的白色衬衫。

熏袍皮：乌珠穆沁人把羊皮进行加工后制作出独特的熏皮袍子。制作熏皮袍时先用酸奶面糊制熟皮子，经过刮揉、搓后用烟火熏制。青少年、壮年的熏皮衣两侧开叉，

女子单袍

熏皮袍

老年人则不开叉。领子、前襟、大摆都用3～4指宽的黑色大绒镶边，外边再用2～3种库锦镶边，里侧用羔皮条缝边。在镶边内侧用红或蓝色缝一条彩条点缀。这种袍叫作边饰的熏皮袍。老年人的熏皮袍镶边简练、大方。

帽子：乌珠穆沁帽子分为：套如勒狐皮帽、水獭帽、黑羔皮帽、布其鲁日狐皮冒、布其鲁日羔皮冒、罗布扎帽等。乌珠穆沁人特别忌讳将帽子随地乱扔、歪戴、踩踏、垫坐、上翻、转动等。

头巾：乌珠穆沁男女春、夏、秋季通常有扎围巾的习惯。青年女子主要是扎用彩线绣边的黄、天蓝、绿、红、白、墨绿色丝绸头巾，一圈一圈地缠绕在头上，头巾的一端掖在右鬓角处，男青年扎蓝色或白色头巾。

腰带：青年男子的腰带主要用天蓝色、绿色、黄色、紫红色、淡

靴子

红色、红棕色等色彩鲜艳的丝绸，长约3米，宽宽地缠绕在腰上，向上略提，使胯部感到潇洒、宽松。

靴子：乌珠穆沁鞋子为香牛皮短鼻蒙古靴，靴后跟用细麻线绣鸟爪图案，使其坚固耐用。靴里穿毡或棉袜，袜勒用库锦或倭缎镶边，绣花纹图案。

嘎鲁斯（坎肩）：在乌珠穆沁服饰中是指套在蒙古袍外面的无袖短装，由于年龄的不同其制作方法各不相同。老年人一般用棕色、蓝

色、黄色、布料罩面，青年人多用红色、黄色、绿色等鲜艳布料。坎肩的脖领、襟和开衩都用各种颜色的库锦镶边，里子用鲜艳布料制作。坎肩的开襟分直襟、斜襟两种。

腰刀、火镰、托海： 乌珠穆沁男子的一种妆饰。佩戴方法主要是在右边的托海系腰刀系带，左边的托海系火镰系绳。老年人和青年人的佩戴方式有所不同。老年人的腰刀是上下两端没有镌刻花纹的光滑的铜顶饰，中间用细铜丝缠绕的檀香大刀鞘，配有象牙筷子和骨把腰刀。青年人的腰刀是上下两端镌刻花纹的银顶饰，中间用六根银丝缠绕黑檀香木刀鞘。老年人佩戴的托海是镌刻云纹图案的黄铜托海和火龙图案的红铜托海，而青年人戴的是镶嵌红珍珠或镌刻各种图案的银制托海。老年人佩戴的火镰是镌刻云纹图案的黄铜火镰或多种花纹的红铜火镰，而青年人主要佩戴镌刻各种花纹镶嵌绿松石或红珊瑚的大火镰。

褡裢（鼻烟壶袋）： 褡裢在乌珠穆沁大致分为普通褡裢、香牛皮褡裢、条文褡裢和绸缎等4种。大体上约2尺长、0.4尺宽，大部分选用蓝色、黄色、红色、棕色、绿色等绸缎，两头用库锦镶宽边缝合，若是香牛皮褡裢两头要用食指宽的银条夹合，中间留长条开口，便于装物品。

烟袋、烟荷包袋： 乌珠穆沁男子对烟具的装饰非常讲究。多用檀香木錾花烟杆，配银烟嘴或翡翠烟

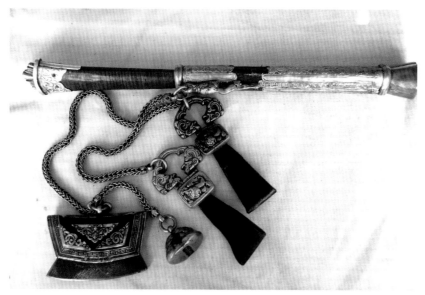

腰刀

嘴的烟袋。烟袋配件有扣勺儿、套环、锅。烟袋锅用银、铜制做，烟嘴用翡翠、玉制作。不用烟袋锅时把它装入圆筒形绸缎或香牛皮制作的裹袋后，插入靴勒和衬里之间，烟荷包多用绸缎、库锦或香牛皮。若用布料则镶多种花纹图案，香牛皮下端用银镶边，袋口嵌有珊瑚的银卡，银卡连着银链子，头上挂银制小锅和烟签，表示男子汉富贵大度。

碗袋： 由于长期的游牧生活，形成了携带饭碗的习惯。把饭碗装入碗袋披在后腰上，碗袋用绸缎制作，上面绣各种花纹，袋底有各种飘带，袋口叠六层缝合。

首饰是蒙古族妇女逢年过节、访亲探友时用于头上的装饰，多用玛瑙、珍珠、宝石、金银制成。平时牧区妇女不戴帽子，常用红、绿绸缎缠头。

"高"： 年轻媳妇和姑娘在脖子上佩戴日月形状的镶嵌绿松石、珊瑚的用银制"高"，在"高"的两个银箍上用红珊瑚、绿松石串成的带子系在后颈部位。

勃勒： 乌珠穆沁妇女佩戴的一种首饰。新媳妇过门后必须戴1~2年，平时只戴一个，赶集时戴两个，第三年方可取下。勃勒的形状多为六角圆形饰物，周围镌刻花草图案，中间镶嵌珊瑚、六角都挂垂吊。勃

勒上环配挂钩，挂在敖吉两腋上特制的扣上，下边系五颜六色的绸巾，卡在敖吉下摆之上。

塔图日： 乌珠穆沁妇女首饰之一，它分合封额箍和开敞额箍两种。合封额箍的制作方法是在黑底合封的绸缎上把五个细长条的银钉整齐

地钉在上面，外围用棕红珊瑚镶三层纹边，但最下层的纹边须用大的珊瑚镶制。十五条红、绿色幪头上配银制卡子，上面用小粒珊瑚串成斜格网带，并固定在额箍的第三层纹边上。额箍两个鬓角的定钉下边分别挂六条约一尺长的银链，银链的另一头挂在垂饰带的后挂钩上。

随合：意为垂饰带，是把一行行珊瑚、绿松石、珍珠钉在约一寸宽的黑布带上，横放在头顶的一种头饰。乌珠穆沁妇女最常见的"随合"是：将六块不同形状的银片，用银轴连在一起。最上端的圆月形

乌珠穆沁服饰

银片上刻有檀香树图案；第二层的呈方形银片上刻有如意宝石图案；第三层的呈三角形银片上刻有吉祥结；第四层银片的正面刻带有三孔略折的长方形图案；第五层银片的两个"随合"的六指上分别配有六个银卡把三块红珊瑚上下串连；第六层银片上刻有孔眼的云纹图案的六个圆形勃勒。这样六种方式组成的"随合"叫六银"随合"，它只与称之为"后系链"和"前镖绳"的两个尾端配有银环的双银链相连接。

乌珠穆沁儿童服饰、佩物比较简单。男孩儿后脑勺留一掌宽头发，其余部分剃掉，将头发编成两条小辫，辫梢用彩线条或用珊瑚、小银元宝等物装饰。给婴儿摇车点缀银铃、小斧子、小弓箭、青铜箭镞、用银或铜制作的十二属相、彩线坠、珍珠珊瑚、小海螺等小物件。穿上恩格后把这些小物件缝在后背上。

褓褓：用整张熟透的羊皮制成婴儿褓褓，把羊皮脖子翻过来缝成掩头，尾巴处加上长方形毡块，做成脚蹬袋。婴儿离开褓褓后穿恩格（开裆裤，此装上衣和裤子连为一体），分为棉、吊面的皮革、熏皮等3种。

开裆裤：蒙古语"恩格"，在乌珠穆沁，孩子从爬行到五六岁都穿棉或皮制作的开裆裤，此装上衣

开裆裤

乌珠穆沁服饰

和下裤为一体。

穿后系上系带即可。

软袜：蒙古语称"拜布嘎"，则代替靴、鞋的棉制或皮制的软袜子。其制作方法是根据孩子脚的大小缝制袜底和袜腰，上面缝系带，

三角帽：蒙语称"玛胡萨"，是家人为孩子缝制的，款式像雨衣帽式的尖顶，呈三角形的帽子。

传统体育

秋季草原

那达慕是蒙古族传统娱乐项目，它的起源可以上溯到远古时代，蒙古地区岩画上就有它的影子。13世纪初时，每逢成吉思汗召集各部落首领聚会时，除了制定典章、

奖罚任免、商讨战事、欢庆胜利外，还举行规模较大的、带有体现蒙古民族勇敢、彪悍、善战、豪放特征的娱乐活动，即那达慕。乌珠穆沁传统"那达慕"主要竞技项目有搏克、赛马、蒙古象棋三项。

搏克

乌珠穆沁搏克就是蒙古式摔跤。蒙古式摔跤起源于原始社会，在远古时代，先人们在狩猎、驯兽过程中通过训练手臂力量和脚上功夫，创造和形成了蒙古搏克这一竞技项目。乌珠穆沁搏克的形式、规则，在保持蒙古式摔跤共性的同时，从组织形式、服饰及技巧等方面都具有自己的风格。

乌珠穆沁那达慕把博克比赛过程系统化，使蒙古博克发展为经典比赛形式。

博克手参赛时，身穿"照道格"，即镶有铜钉的跤衣，下身着白色大裆裤，腰间系彩绸做的围裙，脚蹬蒙古靴或马靴，袒胸露臂。有的脖子上挂着"章嘎"，是历次比赛获胜的象征。比赛开始，摔跤手们跳着粗犷的"雄狮步伐"列队上场，赛毕双双跳着雄狮步伐向观众致意。

乌珠穆沁博克规则可分为登记、派对、入场、振臂、对阵、奖赏、授予章嘎、封荣誉博克手等多种。

登记：正式比赛前，负责摔跤比赛人员将博克手的地址、姓名进行登记，要根据那达慕大会规模限制参赛人数，最少要保证 16 名，上至 32、64、512……1024 等。

派对：登记后进入派对阶段，分左右两翼而立，安排摔跤轮次。如：将老跤手、优秀跤手排在左翼，把每轮第一个出场的博克手称为领头跤手。年轻的新跤手排列在右翼，称为托儿跤手。出场后两翼跤手按派对顺序交手。

邀跤手出场：摔跤比赛开始前，将入场选手左右两翼排列后，入场按 2、4、8……32 报数点名出场。被点名选手穿上跤服准备出场。出场前，歌手们唱摔跤歌《乌拉》请跤手出场。每到一轮次出场时都

要唱三遍《乌拉》，每次出场时只唱一遍《乌拉》。

入场：两翼跤手按顺序被邀入场。入场的跤手们在唱完第二遍《乌拉》时跑步入场，唱第三遍时，顺时针绕场地走，等待点名比赛。

振臂：两翼跤手跑入场地时振臂跳跃。乌珠穆沁搏克振臂称为"凤凰式振臂"。

对阵：将出场的两翼跤手点名对阵，一对一地进行比赛。以这种形式第一次出场的跤手为单轮次，第二次交锋的为第二轮次，以此晋升。

奖赏：奖励等级根据那达慕大会搏克参赛人数决定。若有32名搏克参赛，要奖励前8名，前4名以冠亚军区分。64名搏克参赛，要奖励前16名，以此发奖品。512名搏克参赛的那达慕，冠军要奖励九九八十一大奖，有带银鼻勒的白色骆驼和以九为一组的九件奖品。

授予章嘎：参加128名搏克比赛中获得3次冠军，256名搏克比赛中获得2次冠军，512名搏克比赛中获得1次以上冠军者获得章嘎。过去，寺庙举办的那达慕上，获冠军被封为荣誉搏克手的老搏克手在那达慕大会上可把章嘎赐给其他有前途的年轻选手。授予章嘎的搏克参加比赛时必须佩戴章嘎。

封荣誉摔跤手：1949年以前，退役有章嘎的老搏克（50岁以上），在寺庙那达慕或旗那达慕大会上被封为"荣誉摔跤手"。东乌珠穆沁旗成立以后，旗、苏木两级那达慕上封荣誉摔跤手。比赛前封荣誉摔跤手时要唱三遍搏克之歌入场。摔跤手若2名以上时要相互进行摔跤，同时倒地或有专人分开摔跤者。如果只有一名老搏克手入场时要以凤凰振臂出场。被封为荣誉摔跤手者把自己的章嘎赐给年轻选手传承。在那达慕大会上宣读被封为荣誉摔跤手的履历，并颁发最高奖励。

搏克服饰：乌珠穆沁搏克服饰分为：照道格（跤衣）、袍裤、套裤、围裙、靴子、捆绳等。照道格分为用香牛皮或粗面皮革制作，以香牛皮上镶着银或铜泡的为主，是摔跤手的主要服饰。照道格款式分开襟和不开襟两种。经常穿的开襟照道格，裤子是用6～12米左右的白布制成，外面穿上绣有各种花纹的，用鲜艳布匹制作的套裤增添气势，起到护膝和装饰作用。围裙用蓝色、红色、黄色等绸缎制成，是把照道格腰带、裤边重叠扎在一起，起到装饰作用。乌珠穆沁搏克手主要穿香牛皮靴子，用皮条捆扎加固以防打滑。

抓法技巧：乌珠穆沁搏克规则是选手膝盖以上任何部位先着地为

输，所以非常重视抓法、技巧。抓法有抓照道格前襟、腰带、领口、袖子等方式，技巧有拽、扭倒、蹩、夹在腋下、上举、搂抱等，腿功有蹬、拌、叩、绊倒、钓绊儿、翻倒、使绊子、削、举、挡等。

赛马

蒙古人是最早驯化马的民族之一。他们驯化马后，广泛适用于牧业、狩猎、军事、联络等生产、生活、社会、政治等活动中。随着社会的发展，马成为蒙古人不可或缺的生产生活伴侣，蒙古族也被誉为"马背民族"。

在悠久的历史过程中，提高马的耐力和马的速度是蒙古人参加社会活动的先决条件，特别是在军事活动方面，就有组织和训练骑兵的。赛马逐渐成为蒙古人的群众性体育活动。

在赛马比赛前要进行吊马、练马。就是在正式比赛前一个月，将参赛马从马群中抓回，中午拴在阴凉处，早晚凉爽时喂养，用井水饮

赛马

马，恰当地安排饮食，几天进行一次预赛，一方面强化体能速度，另一方面让马适应比赛场地。

赛马比赛分为两种，有自由比赛和正式比赛。自由比赛指牧民几个同伴在一起行路、狩猎时，或在春节、婚宴时进行比赛。正式比赛指各种那达慕比赛，有专门选定的起点、终点、线路。自由比赛以骑乘为主，比马的各种奔跑速度，比骑乘的小步快走、快颠步、小走等。正式比赛分远距离赛、鞍马赛、二岁马赛、三岁马赛、种马赛5项。参赛马都要经过吊练。鞍马、种马比赛是由成年人备上马鞍骑乘，赛

成为10～15千米，其他赛项都由儿童骑光背马。远距离赛程是25～30千米，二岁、三岁马赛是5～10千米，正式比赛项目分为速度赛马和走马赛两种。

速度赛马主要看马的耐力，套马、骑生格子马比赛是考验驯马人的本领。套马时，套马手骑马或徒步分两翼站立，由他人将马群分批赶入两行中间，告知套什么马，当马群从两行人中间疾驰跑过时，套马手用套马杆套住烈马，使其倒地，以多少分胜负。这种方式称为"甩"。骑生格子马比赛时，不给生格子套龙头，不备马鞍，要看驯马手能否

驯马

经得起生格子马的炮蹶子，以坚持在马背上的时间或骑生格子次数来考验骑手的技能。

乌珠穆沁赛马活动中骑乘儿童的装束和参赛马的装束都独具特色。儿童骑手主要穿有吉祥图的绸缎衣服，不扎腰带，并用彩绸把头围上，后边有飘带。多数儿童戴上有飘带的棱角帽子，有的帽子还缀有小镜子。儿童骑手持轻巧马鞭，要赤脚。

赛马装束主要把马的顶鬃、鬃甲、马尾（中间部分）用彩条缠绕，给马戴上轻便的马嚼子，有的马脑门上配上一块小镜子，以便从远距离辨认。赛马不套马龙头，只在马嚼环上配根缰绳，这样更简便、利索。

参加各级那达慕大会的赛马在前一晚上到达起跑点附近，清早要让马吃些露草补充体能。

祭敖包时，将参赛马带到敖包旁，让儿童骑上马围着敖包正转三圈之后走向起跑点。骑赛马儿童要唱"马尔赛"咒。

赛马到达起点时，裁判宣布顺序，由发号牌人给赛手发号牌，马匹主人去接赛手和马匹，中速遛马以调解马的体能。比赛规则，如有两匹马同时到达终点时以靠左边为

赞马颂

套马

优先。比赛结束后，骑马者牵着参赛马在会场顺时针转圈缓解马的气喘。祭敖包那达慕时，参赛马要顺时针转敖包，婚宴赛马要顺时针转新房。奖品根据赛马数量，奖励4～32匹马，第1～4名和最末马都要唱骏马祝词，有专门的"骏马颂"祝词。

蒙古象棋

乌珠穆沁人喜爱蒙古象棋游戏，它是由国际象棋演变而来。蒙古象棋有"王""虎""骆驼""车""卒""马"，把虎、骆驼、马、车统称为大棋子。蒙古象棋开局时把中心"童卒子"前进两步，其他卒子都是一步一步前进。卒子前进至另一端变为虎。不同于国际象棋的地方是不能把王和车换位，必须留一枚对手棋子。这些规则使蒙古象棋具有民族独特性，成为牧民群众喜爱的业余体育活动。

乌珠穆沁人利用细纹木材或树根雕刻蒙古象棋，工艺十分精致，双边棋子不仅颜色有区别，形象、花纹上都有差异，王、大棋子、卒的雕刻栩栩如生。

蒙古象棋比赛

蒙古象棋输赢都有一定的规则，也有输赢口诀和诗韵，都有专业名称。

玩沙嘎（羊拐）

沙嘎玩法很多，有掷"斯英"（四样）"赛马""抓子儿""手指弹沙嘎""打哈拉扎""猜枚""掷十二沙嘎"等。

沙嘎的突凸面为"毛日"（马），窄面为"特莫"或"乌呼日"（骆驼或牛），宽凹面为"好尼"（羊），宽凹面为"牙玛"（山羊），正立面叫"翁高"。人们叫修整好的黄羊踝骨叫"哲麦"。

掷"斯英"需用哲麦。参赛者每人分数量相等的沙嘎，年龄大的先掷哲麦，如掷出四个一样的叫"乃吉"或带策格（三马一山羊）时，掷家为赢家，输者按说好的数量付一定的沙嘎，如果掷出两马两绵羊或两马两山羊时，掷家为输家，付其他参赛者一定数量的沙嘎。最后按沙嘎数量的多少确定名次。

玩沙嘎

祭祀、禁忌

祭祀

祭苏鲁鼎：旧时，乌珠穆沁左右翼旗各自都祭祀哈日苏鲁德、宫廷苏鲁德和呼德苏鲁德。

乌珠穆沁左翼旗哈日苏鲁鼎（戈）时刻朝天，不放宫廷内。农历三月十七日祭祀。乌珠穆沁右翼旗哈日苏鲁鼎（用公马鬃制作缨子的长矛），也称为宫廷苏鲁德，农历每月初三用整羊祭祀。

祭苏鲁鼎

乌珠穆沁左翼旗宫廷苏鲁鼎（画有成吉思汗和乘象天尊像），每年农历三月二十一日进行大祭。乌珠穆沁右翼旗宫廷苏鲁鼎（身穿盔甲背弓挎箭手握长枪的骑士像），也叫衙门苏鲁鼎。衙门若判案件时要打开苏鲁德大门，将犯人带到苏鲁鼎前审判。该苏鲁鼎有专人负责

供奉和焚香，没有专门的祭祀活动。

乌珠穆沁左翼旗呼德苏鲁鼎（成吉思汗马镫）放在苏鲁鼎章京处，苏鲁鼎章京世袭守护。每年农历七月选吉日祭祀。乌珠穆沁右翼旗胡德苏鲁鼎（画有成吉思汗和夫人坐像，后换成穿戴盔甲、背弓挎箭、手握长缨枪的江格尔汗），放在苏鲁鼎章京处，在专门蒙古包里祭祀，苏鲁鼎章京世袭守护。苏鲁鼎宫内置钢盔甲、弓箭、剑和有泡钉的摔跤衣，两座马鞍，后又加了一支火枪。该苏鲁鼎每个季节选择一吉日祭祀，全年共祭4次。祭祀时，将钢甲立起扣上头盔，把剑放在旁边，苏鲁鼎章京用蒙古语诵祭祀经文，由和硕亲王亲自带领众多王府官员将供祭品酹"萨其力"九九八十一次。苏鲁鼎前祭桌上摆放整羊9只，奶酒9坛，奶食9盘。祭祀完毕，在宫包门前摆上器皿斟酒，亲王带领众多官员和百姓下跪，禀报姓名，低头喝酒。把祭祀苏鲁鼎整羊分给大伙共享。之后到苏鲁鼎章京家举行庆典，大家同唱"圣主成吉

思汗""大圣宝力根杭盖""尊者"三首歌，喝酒，欢唱，娱乐。

祭敖包：敖包通常是用石头堆成一座圆锥形的实心塔，顶端插一根长杆，杆头系牲畜毛角和经文布条。祭敖包主要是牧民们为祝愿国泰民安、五畜兴旺，抒发热爱家乡和渴望美好生活情怀的一种传统祭祀活动。祭敖包时，蒙古族男性牧民身着节日盛装，骑马乘骆驼从四面八方来到供奉山神的地点——敖包，进行祭祀和祈祷，祭敖包时，敖包上要插树枝，树枝上要挂五颜六色的布条，正式举行祭祀仪式时，先煨桑，然后由喇嘛念经，人们乘马脱帽，从左向右绕敖包转三圈，

口颂佛经，向山神鞠躬叩头，进行祷告，祈求山神保佑一方平安，风调雨顺，人畜兴旺。祭敖包是乌珠穆沁蒙古人的传统节日，也是蒙古族的盛大集会。其主要内容还包括赛马、射箭、摔跤比赛等活动。祭祀敖包的前一天，负责祭祀的人带上用品，搭建蒙古包、帐篷、厨房，整修布置敖包更换柳条、插上天马旗，请喇嘛备好祭品，准备整羊、茶点膳食。

祭敖包日，太阳升起时，祭祀人要列队参加祭祀活动。用五种颜色的哈达、佛幡装饰的敖包前放置长方桌，上面摆上两只整羊，两旁摆上牧民供奉的奶食。喇嘛们诵祭

祭敖包

祀经文擂鼓吹号请神求福，所有人面朝敖包下跪叩头。之后众人手捧奶食围着敖包顺时针转三圈，并祈求风调雨顺、水草丰美、五畜兴旺、安乐太平、降福禄于人间，并敬献祭祀品，祭祀完毕，由差役将奶食等收回。

祭祀仪式结束后，举行敖包那达慕。进行摔跤、赛马等比赛。

祭火：乌珠穆沁人十分崇拜火，这是因为他们的祖先笃信具有自然属性和万物有灵观念的萨满教，认为火是天地分开时产生的，于是对"敖德嘎赖汗·额赫"更加崇敬。因此，每年阴历腊月二十三举行祭火仪式，在长者的主持下将黄油、白酒、牛羊肉等祭品投入火

堆里，感谢火神爷的庇佑，祈祷来年人畜两旺、五谷丰登、吉祥如意。

祭火日选一只无伤痕的公羔羊煮熟留其胸脯、胫骨、四根长肋以备祭祀。全家老少都穿上节日盛装，傍晚时开始祭火。祭火时官员穿戴官服，庶民穿戴整齐，妇女佩戴首饰，将火撑子放好，用五种颜色的彩条把芦苇或芨芨草固定在火撑子的4根撑子上，用羊油裹其围圈，火撑中摆放劈好的榆木柴火点燃，主祭人跪在火撑前，诵祭火词。此时，主人将用网油包好的羊胸骨、胫骨、四根长肋及各种香料，如檀香、松香等供品敬放在火撑中并叩头。其他家眷依着辈分次序排列把奶油等祭品放入火中叩九个头。主

祭火

人举起招财桶面朝圣火，顺时针方向转动，口中诵颂"招来须弥山似的牢不可破的福禄！洪福！洪福！洪福！招来海洋般的不干枯的牲畜福禄！洪福！洪福！洪福！"等祭祀词。将招财桶内的阿木苏分给大家分享。通常三天内吃完桶内阿木苏，三天内不得给外人借物品。如果二十三日未能祭火，来年清明时要补祭，并三天不熄火。

禁忌

火忌：蒙古族崇拜火、火神和灶神，认为火、火神或灶神是驱妖避邪的圣洁物。所以进入蒙古包后，禁忌在火炉上烤脚，更不许在火炉旁烤湿靴子和鞋子。不得跨越炉灶，或脚蹬炉灶，不得在炉灶上磕烟袋、摔东西、扔脏物。不能用刀子挑火、将刀子插入火中，或用刀子从锅中取肉。

水忌：蒙古族认为水是纯洁的神灵。忌讳在河流中洗手或沐浴，更不许洗女人的脏衣物，或者将不干净的东西投入河中。草原干旱缺水，逐水草放牧，无水则无法生存。所以牧民习惯节约用水，注意保持水的清洁，并视水为生命之源

宗教禁忌：忌直呼活佛和其他年长僧人的名字，人去世后不可再呼其名。

宗教法器

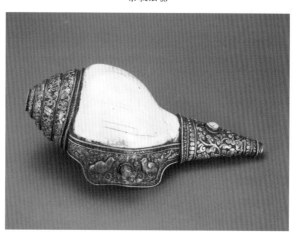

宗教法器

饮食禁忌：忌猎食怀孕和哺乳期的野生动物，不破损禽蛋，忌用嘴啃肉，要用刀割。

其他禁忌：忌往火上洒水、撒

尿，忌端着灰盆接送客人和从人面前走动，与人交谈忌用高声或细声，到人家做客，忌跷腿、伸腿和躺卧，妇女忌披发，忌帽子上打补丁，忌挖草皮、折树枝、践踏花草和连根拔植物，忌烧骨头和乱倒垃圾，向别人递交枪、刀时忌刀尖和枪口对着人，忌敲打餐具，忌用有裂纹的碗。

乌珠穆沁特产

乌珠穆沁特产

WUZHUMUQINTECHAN

品味被誉为"天下第一羊"的乌珠穆沁羊肉制作的美味佳肴，再欣赏在众多蒙古部落中唯乌珠穆沁特有的熏皮袍缝制技艺，零距离感知乌珠穆沁传统文化的魅力。

乌珠穆沁羊

乌珠穆沁羊产于内蒙古自治区锡林郭勒盟乌珠穆沁草原。产区处于蒙古高原大兴安岭西麓，属大陆性气候，海拔800～1200米，气候较寒冷，年平均气温0～1.4℃。东乌珠穆沁旗1月份平均气温-21℃（最低-40℃）；7月份平均气温20℃（最高39℃），年降水量250～300毫米，无霜期90～120天。每年10月中下旬开始积雪，厚度为8～9厘米，到翌年4月底才能化尽。青草期短，枯草期长。牧草以线叶菊、冷蒿、羊草、大针茅、隐子草、早熟禾、苔草为主。另外还有直立黄芪、莎草和杂草。草层高度20～30厘米。产区地广人稀，羊群大多以每群1200～1500只组群。

乌珠穆沁羊体质结实，体格较大。头大小中等，额稍宽，鼻梁微凸，公羊有角或无角，母羊多无角。颈中等长，体躯宽而深，胸围较大，不同性别和年龄羊的体躯指数都在130%以上，背腰宽平，体躯较长，体长指数大于105%，后躯发育良好，肉用体型比较明显。四肢粗壮，尾肥大，尾宽稍大于尾长，尾中部有一纵沟，稍向上弯曲。毛色以黑头羊居多，头或颈部黑色者约占62.0%，全身白色者占10.0%。

乌珠穆沁羊成年公羊平均体高、体长、胸围和体重分别为：71.1±3.52厘米，77.4±2.93厘米，102.9±4.29厘米，74.43±7.15公斤，成年母羊分别为：65.0±3.10厘米，69.7±3.79厘米，93.4±5.75厘米，58.40±7.76公斤。乌珠穆沁羊一年剪毛两次，成年公羊平均产毛1.9公斤，成年母羊平均产毛1.4公斤。毛被属异质毛，由绒毛、两型毛、粗毛及死毛组成。乌珠穆沁羊的毛

乌珠穆沁羊

皮可用作制裘，以当年羊产的毛皮质佳。其毛皮毛股柔软，具有螺旋形环状卷曲。初生和幼龄羔羊的毛皮，也是制裘的好原料。乌珠穆沁羊游走采食，抓膘能力强，大群放牧日可行 15～20 千米，边走边吃。雪天羊只善于扒雪吃草。乌珠穆沁羊不但具有适应性强、适于天然草场四季大群放牧饲养、肉脂产量高的特点，而且具有生长发育快、成熟早、肉质细嫩等优点，是一个有发展前途的肉脂兼用粗毛羊品种，适用于肥羔生产。

乌珠穆沁羊的饲养管理极为粗放，终年放牧，不补饲，只是在雪大不能放牧时稍加补草。乌珠穆沁羊生长发育较快，2.5～3 月龄公、母羔羊平均体重为 29.5 和 24.9 公斤；6 个月龄的公、母羔平均达 40 和 36公斤，成年公羊 60～70 公斤，成年母羊 56～62 公斤，平均胴体重17.90 公斤，屠宰率 50%，平均净肉重 11.80 公斤，净肉率为 33%；乌珠穆沁羊肉水分含量低，富含钙、铁、磷等矿物质，肌原纤维和肌纤维间脂肪沉淀充分。产羔率仅为 100%。

乌珠穆沁羊适于终年放牧饲养，具有增膘快、蓄积脂肪能力强、产肉率高、性成熟早等特性，适于利用牧草生长旺期，开展放牧育肥或有计划的肥羔生产。同时，乌珠穆沁羊也是做纯种繁育胚胎移植的良好受体羊，后代羔羊体质结实，抗病能力强，适应性较好。

乌珠穆沁熏皮蒙古袍

熏皮袍是乌珠穆沁蒙古人特有的皮袍制作技艺，具有保暖性强，美观大方等特点，也显示了乌珠穆沁蒙古人的审美爱好。

皮革毛皮加工是蒙古族传统手艺之一，主要为米、面、淀粉鞣制法，而乌珠穆沁蒙古人却对皮子本身进行复杂的熏制后才制作成衣。这样加工的皮子颜色接近于土黄色，体现了蒙古族对黄颜色的喜爱和对大地的崇敬之情。

熏制羊皮的最佳时间是在秋末冬初，这个时候的气候不会很冷，阳光也不是很强烈，土地稍有上冻，挖的坑也会坚固一些。

乌珠穆沁熏皮主要以绵羊皮为原料，很少选山羊皮。原因是，山羊皮羊毛粗硬，皮板硬厚。一件熏皮袍子所用的羊皮为 6~8 张不等。

选好羊皮之后要彻底清洗上面的污垢，在羊皮快要晾干的时候涂抹一层黏土，之后用钗镰刮掉羊皮上的油脂，彻底刮完后再用清水冲洗，放置干燥阴凉处晾干。将晾干后的羊皮放置在盛满酸牛奶的木桶中浸泡，同时在每三十斤的酸奶中加入七八两的盐。浸泡两周左右的时间拿出，用酸奶汤再进行一遍清洗，以防羊皮打卷。最后把清洗好的羊皮放在刮皮架上，用木钝刀刮掉皮子上的残留物，将皮子挂在绳子上阴干，不可太阳暴晒，防止皮子变硬、变形。

挖制熏坑也是一项复杂的工作，在选好合适的地点之后，在土质较

熏皮制作

硬的地上掏挖一个口小肚大的坛形坑（坑口直径约为20~30厘米，坑内直径约80厘米左右、深度约为80~90厘米），用一般黄胶泥抹光坑内壁。使用过程中熏坑如出现破损，也均用黄胶泥修复。熏皮燃料为马粪、牛粪。马粪燃烧后的烟雾轻薄、烟味小，熏出来的皮子颜色好看而均匀，在熏坑的地面上用三根长3米的木头呈三角状绑成支架，用来捆绑要熏制的羊皮。把之前晾干的羊皮进行一定的裁剪去掉边角，用三张缝在一起，缝成一个类似三角帐篷的形状，缝合之间的绗缝要大，这样利于透烟。准备就绪后将马粪放入熏坑内点着（一般熏制一组要用2~3簸箕马粪），并将三根木头捆绑成三角支架置于熏坑上方，把缝成三角帐篷状的羊皮用绳子固定于支架上，口向下扣在熏坑上进行熏制，一般需要2小时左右熏制完成。最后将羊皮之间的缝线拆开，单张进行通风晾晒去除烟味。

熏皮袍子因质地较厚，缝制的过程基本全部是手工。袍子大身一般把羊皮分割成十大块左右，剪裁厚羊皮有时要用刀割开，腋下及袍子的边角部位可选取碎皮拼接，是因为这些地方不太明显，所以选用熏皮中颜色不是十分均匀的部分也不会被看出来。袍子的缝线多用棉或动物毛制成的线，袖口、领口可用尼龙线或绣花线，袍子的辅料大多是棉布、绸缎、锦、镶边条、金丝绒、各种材质的扣子等。

熏皮制作

乌珠穆沁风光

HUASHUONEIMENGGUdongwuzhumuqinqi

乌珠穆沁风光

WUZHUMUQINFENGGUANG

　　乌珠穆沁物华天宝，拥有中国北方最华丽的草原、最原生态的游牧生活方式。这里有草原盆景——乌里雅斯太山、秀丽大气的乃林高勒夏营地、林海茫茫的宝格达山国家森林公园。

乌珠穆沁草原

　　位于锡林郭勒大草原腹地的乌珠穆沁草原，被人们誉为"内蒙古最美草原"，是蒙古草原的一部分，也是世界四大草原之一，它汇集内蒙古九大草原类型，是中国北方草原最华丽、最壮美的地段，素有"天堂草原"之美称。

　　乌珠穆沁草原类型有山地草甸草原、低山丘陵草甸草原、半荒漠草原、河泛地湖盆低地草甸草原等。矿产资源蕴藏丰富，主要有煤、铁、铅、大理石、莹石等。林区和草原有蘑菇、蕨菜、黄花等特产和黄芪、知母等200多种药材，有百灵、天鹅、野鸡、狍子、鹿、黄羊、旱獭等10多种珍禽异兽。

乌珠穆沁草原包括东乌珠穆沁和西乌珠穆沁两个旗，土地总面积7万平方千米。疆域辽阔，既有一望无际、空旷幽深的壮阔美，也有风吹草低见牛羊的动态美，又有蓝天白云、绿草如茵、牧人策马的人与自然的和谐美。

在这片水草丰美的天然草牧场上，勤劳而聪慧的乌珠穆沁牧人创造了灿烂辉煌的乌珠穆沁游牧文化并传承至今；养殖了乌珠穆沁羊、乌珠穆沁白绒山羊、乌珠穆沁牛和乌珠穆沁马等优良畜种，其中乌珠穆沁羊和乌珠穆沁白绒山羊及绒产品是首批内蒙古名牌畜产品。

绿草如海，畜群如云，毡包如扣，河曲流银。这里有草原上的天籁之音——乌珠穆沁长调，这里有最美的马种之一——乌珠穆沁白马，这里有勇敢者的游戏——乌珠穆沁搏克……这里地大物博，这里人杰地灵。

乌里雅斯太山

素有"草原盆景"之美誉的乌里雅斯太山景区位于东乌珠穆沁旗乌里雅斯太镇以北27千米处，距珠恩嘎达布其口岸62千米，占地面积30平方千米，巍峨耸立在风光秀丽、景色宜人、历史悠久、古老神奇的乌珠穆沁草原绿浪之中，是以优美的自然风光，神奇的历史

乌里雅斯太山

传奇，独特的地质地貌而著称。主峰海拔1050米，山势雄伟陡峭，与无垠的草原融为一体。当沿着山梯攀援而上，登至峰顶俯瞰大地，可领略到草原的壮观和美丽，望向远方，空旷无垠，瞬间让人胸怀宽阔，心情愉悦。乌里雅斯太山地处乌珠穆沁草原深处，高耸的悬崖突兀而起，山势陡峭，重峦叠嶂，怪石嶙峋，曲径通幽。每当旅游季节（七、八、九月），乌里雅斯太山草木繁茂、林崖相间、鸟语花香、空气清新、凉爽宜人，雪白的羊群在碧波荡漾的草原上游动，五彩缤纷的鲜花散发着迷人的芳香，零星点缀的蒙古包冒着缕缕炊烟，同丘陵中独立挺拔的乌里雅斯太山和它那造型独特的山石构成一幅生机盎然的美丽画卷。金秋时节，这些美丽的天然草原与蔚蓝的天空融为一体，构成独特迷人的自然景观。

瑙干五台山

瑙干五台山位于东乌珠穆沁旗额吉淖尔镇额尔敦达赖嘎查境内，是历史上乌珠穆沁蒙古族主要的朝圣地。

瑙干五台又称"慈佑山仙境"，其开发时间与辽代开发大盐泺（广集湖）盐池的时间相同或较早。重新开发利用、建造庙塔的时间最晚

在19世纪末期。

据史籍记载，俄国旅行家波兹德涅耶夫于1893年途径瑙干五台山"慈佑山仙境"。据他说，"那时，五台山区闻名遐迩"。

这里怪石林立，峻峰连绵，悬崖峭壁耸立。山阳有清澈的额吉淖尔盐池，山阴连着诺彦塔拉、呼布沁戈壁美丽的平原。

瑙干五台山分西区、下区、东区三个区。西区有自然生成的石佛、转生洞，"瑙干五台庙"（慈佑寺）遗址就在西区。下区亦名"道劳宝日陶勒盖"，传说中这里是"善事七龙"显灵之地，为香客备膳而设的庙仓遗址至今仍清晰可见。东区有自然生成的弥勒佛、地藏王、长寿佛、度母、大黑天王等佛像及梵、藏、蒙古文玛尼真言岩文。这里还有度母摇篮、度母所乘骡蹄印石、石窟、成吉思汗脚印石、成吉思汗马蹄印石、度母转生洞、地狱道、大解脱道、金蛙转洞等。

瑙干五台庙毁于1945年。

喇嘛库伦庙

喇嘛库伦庙又称"集惠寺"。是蒙古地区佛教中著名的三个库伦之一，也是原乌珠穆沁右翼旗6座寺庙之一。创建人是罗布僧关其格扎西。所在地是东乌珠穆沁旗乌里

瑙干五台山

雅斯太镇。1783年首建大殿达木却嘎萨拉灵，1966年被毁，20世纪80年代重建。

喇嘛库伦庙以大乘、密宗、医学、时轮4部学科为主，鼎盛时期，有活佛12位，双职位喇嘛6名〔大喇嘛2名、格斯贵（掌堂师）2名、德木其（监督2名）〕，僧侣达1500余人，隶属庙宇4座，三部寺庙畜群（即和林）、庙仓25个，由5个经学部20余个殿组成。

喇嘛库伦庙主要佛经是却日、朱德巴、满巴、敦克尔，后又增加

《古如古力》红教经学等5个经学部，寺庙珍贵神祗是拉木佛（圣母、佛母）。朝克沁殿（大雄宝殿）供奉拉木佛；却日殿（哲学殿）供奉依达木佛；朱德巴殿（密宗殿）供奉胜乐金刚佛、密集金刚佛、大威德金刚佛；敦克尔殿（时轮金刚殿）供奉时轮金刚佛、四面明王佛；满巴殿（医学殿）供奉药师佛、全面遍知佛；吉布苏玛殿供奉护法神佛。

每年还祭祀格根敖包、敖日布旺吉拉敖包、恩克吉日嘎郎嘎查、柴达木白音敖包、成吉思汗遗址、白音额尔和图敖包。

喇嘛库伦庙曾以学者聚集，文

化、艺术、体育、医学、印刷等活动昌盛而闻名。据说学者拉布赞(固始)登吉拉扎布喇嘛编写了《图勒毕扎木赛的宁毕日力巴》书，转世却日松都日巴喇嘛编写了18部经书。寺庙内藏有蒙古文甘珠尔经，还有两座木板印书仓，木板印刷了8部却日经，18套朝克沁经，敖德其、喇嘛朝德巴等多部经书。

乃林高勒

乃林郭勒蒙古语就是"乃林河"之意，位于东乌旗满都宝力格镇东北部，横穿总面积4717平方千米的草场，总占地3.5平方千米，距东乌珠穆沁旗旗所在地乌里雅斯太镇210千米，离303省道最近处只有20多千米。东邻兴安盟、北界蒙古国、南接乌拉盖开发区及通辽市。 乃林高勒草原因乌拉盖河流域的灌溉而水草丰美。它是内蒙古最美丽的夏牧场之一，每年6~8月，草原上的牧民会汇集到一起，把各家的牛、羊、马带到这片原生态的牧场上面，支起蒙古包，开始草原上自由充实的放牧生活，直到进入秋季才会搬离。

这里水草丰美、景色宜人、生态完好、民俗纯朴，这里是魅力的天堂草原，这里是游牧文化圣地，这里具有内蒙古标志性的草原河

乃林高勒

流，这里是天鹅、大雁的栖息地。

每到夏季，这里山花烂漫，牛羊似锦，弯弯曲曲的乃林河流淌其间，牛羊星星点点散落在河边，美如画卷。

乃林河在草原上蜿蜒，仿佛延伸到天边，附近的小山包是拍摄乃林河的好地方，将河流的弯曲走向尽收眼底。

宝格达山森林公园

位于东乌珠穆沁旗东北部，大兴安岭西南麓，属典型草原向森林过渡带。2010年成功晋升为国家级森林公园，成为锡林郭勒盟继多伦县之后第二个国家级森林公园。

宝格达山系蒙古语，意为"圣山"，又称"索亚拉吉山""额布根山"等。清代为皇家狩猎禁地，规划总面积为29652.8公顷。林场主要以天然白桦次生林为主，森林覆盖率46.98%，形成了草原上原生态"天然氧吧"，是内蒙古自治区中北部天然生态屏障的绿色核心，是京津地区风沙源绿色屏障。森林里生长着蕨菜、韭菜花、哈拉海、沙葱、野蘑等野生植物，主要乔木树种有白桦、樟子松、山杨、云杉，灌木山杏、榛子、文冠、刺玫、黄华等簇簇相依，药用植物白芍、苦参、黄芩、地榆、苍术、金莲花广布其间；野生狍子、黄羊、野猪、猞猁、

旱獭、雪兔穿梭于灌木丛中，百灵、布谷啼婉于乔木之上，丹顶鹤、白天鹅嬉戏在草丛溪涧。2007年成立了宝格达乌拉土特产品加工厂，相继推出了"宝格达乌拉""宝格达山"两个品牌产品，并销往全国各地，成功打出了东乌珠穆沁旗又一新品牌。

又名达布苏诺尔、盐池等，因"额吉"在蒙语中为"母亲"之意，故此湖又称"母亲湖"。

额吉淖尔，汉代的《汉书地理志》称其为青盐泽，辽代称为广济湖，金代称大盐泺。此处的湖盐开采始于隋唐，以盛产大青盐而闻名于世，至今一直不衰。额吉淖尔盐湖与阿拉善盟的吉兰泰盐湖、布赖盐湖并称内蒙古三大（湖）盐场。

额吉淖尔是一个东西方向延伸的椭圆形盐湖，湖面海拔829.8米。湖面白波粼粼、水雾蒸腾，凝似白雾，隐约可见。湖内地下水丰富，湖底局部以承压水越层上窜湖内，因而有平地涌泉的奇特景观，湖中盐度较高，捞出水面便已形成天然晶块。古往今来，洁白如玉的青盐晶块已成为当地牧民表达纯洁盛情的象征。湖水深度随季节不同而发生变化。

额吉淖尔盐湖资源包括固体盐类沉积资源、卤水资源和生物资源三大类型，以固体盐类沉积资源为主，即石盐资源和芒硝资源。湖区总面积25平方千米，其中，石盐资源分布面积18平方千米，估算储量3000万吨；芒硝资源分布面积16平方千米，估算储量5000万吨。1940年以后，额吉淖尔盛产原盐、精制盐、粉洗盐和其他盐湖

宝格达山

额吉淖尔——母亲湖

额吉淖尔盐湖位于锡林郭勒腹地东乌珠穆沁旗额吉淖尔镇境内，

资源综合利用化工产品。

在蒙古语中，额吉、淖尔分别代表母亲和湖泊。传说有一天，成吉思汗率军来到锡林郭勒大草原，正当烈日炎炎、饥渴难耐之时，一位白发苍苍的额吉指引了一口甜水井，将士们尽情地喝啊、洗啊，眼看井水要枯竭了，这时，慈祥的额吉将一枚雪白的盐花戒指投入井中，顿时井中泉水不断涌出，便形成了今天的额吉淖尔——母亲湖。

乌珠穆沁民间故事

HUASHUONEIMENGGUdongwuzhumuqinqi

乌珠穆沁民间故事

WUZHUMUQINMINJIANGUSHI

乌珠穆沁草原上流传的民间故事，既有气势磅礴的英雄史诗，又有短小精悍的小段子。每一座山、每一条河流都有其自己的故事。

翁衮都喇尔的传说

翁衮都喇尔诺谚是宝迪阿拉克汗的最小儿子，可他的官职未超过副千户之长。传说，翁衮都喇尔犯了罪，被发配到北方的戈壁之乡。其被发配的地方具有四个大力兽神镇守之形。这四兽是：阿日斯楞敖包，犹如狮子；尼古尔，犹如黄斑老虎；贺若双岩，其东侧的岩峰犹如展开双翅的凤；西侧的岩峰犹如逆向盘卧的龙。在西侧岩峰西北方有翁衮都喇尔诺谚的营盘，所以就叫"翁根胡硕"，也有人说在此地曾埋葬过翁衮都喇尔诺谚的一个妃子。翁衮都喇尔诺谚过世后，被埋葬在查布其尔山，所以叫做"翁根查布其尔"。

兄弟仨告状

很久以前，老鼠、麻雀、刺猬。

有一天，麻雀、刺猬在扫雪，麻雀拣到一小块黄油团交给老鼠，说好中午喝茶时三人分享。到中午喝茶，时麻雀要黄油，老鼠说："放在柜子后边，叫黄狗给吃了。"麻雀说："一定是你偷吃了，然后撒谎。"老鼠说："我没吃"。说着说着吵了起来，于是到衙门告状，让刺猬做证人。

判官狐狸升堂后，麻雀说："明官做主！我与老鼠、刺猬结为兄弟，几乎跟亲生的一样；占有一点土地，几乎可以说是平原；下了一点雪，几乎可以说是灾难；我们在扫雪，几乎可以说与秋天无别；拣到一块黄油团，几乎可以说成了富翁；交给了兄长老鼠，几乎它成了管家；兄长偷吃了黄油，几乎成了贼；我们三个争理，几乎要打架；您大人审判，几乎成了法官……"，狐狸判官打着哈欠，"别说了，那么多的'几乎'与我无关，重要的是我要抓住机遇"，说着从椅子上跳了下来，惊慌的麻雀飞走了，吓坏的老鼠钻洞了，唯有刺猬无处躲闪，成为狐狸判官的美餐。

油脂团、干草、鸟蛋的故事

在很久很久以前，世间物种各得其所，可谓太平盛世，油脂团、干草、鸟蛋结为兄弟，叩拜天地成为一家人。"油脂团腻而滑，干草轻而飘，唯我圆而坚"，鸟蛋成为老大，油脂团成为老二，干草成为小弟弟。

等到大家肚子饿了需要做饭时，发现没有干牛粪烧火，老大说："家中没有柴火烧，油脂团你赶紧拿柴火。"油脂团说："我全

身无力，头昏脑涨，干草块去拿柴火。"干草很不服气说："兄长不干活小弟受气。"说着一出屋门叫大风给刮跑了。等了一阵之后油脂团说："干草小弟怎么了，是否摔断了细腿？"一出屋门就被黄狗给吞食了。两个兄弟出去很长时间还不见回来，鸟蛋很是生气，说："让你们从外面拿柴火，也没让你们上

山砍柴啊！"，说着跳上了门槛往下一跳，掉地破碎了。

犟小子的悔改

很早以前，乌珠穆沁草原遭受了一次大雪灾。有一经验丰富的老汉与一位犟脾气的愣小子合伙寻找过冬的好牧场。

到了一处草场，老汉说："这

里过冬不成问题。"愣小子说："陈年旧草太多，未必有营养。"老汉说："三年陈草能使靴底溜油！"犟小子说："那十年陈草莫非能炖菜做饭？"老汉见识了犟小子的脾气，没再说什么，各自去了选好的牧场。

到了春天，老牧民的畜群体壮膘好，可犟小子的畜群死伤多半，仅剩一些体弱膘瘦的母羊，度过春天已成问题。

没听老人劝说自以为是的犟小子，内心非常佩服老牧民，前去拜年的时候承认了自己的错误，并诚心求教过春的方法。老汉见犟小子诚心求教，就把他领到一处小山丘后告诉他："你把羊群赶到这里来，七天之后弱畜能吃饱肚子，精神自然就变好了。你就在此处看好羊群，别让羊群随意乱跑。等到新草长出，羊群吃饱后方可换地方，请记住我的话！"

犟小子听从了老人的嘱咐，果真顺利地度过了春荒，几年之后变成了有千只羊的富户。

"爷爷"小子

从前，有几个老汉聚到一起喝酒。只见走进来一位身材不高却架子很大的年轻人，与他们打了招呼便坐到了右侧上首位子，并拿出长烟袋锅子，欲参加他们的行列。这引起了老人们的不满。

有一老人问："你这小子今年多大啦？"他说："今年才到五十三岁的一半。"又一老爷子说："你的年龄和身材不太相称啊。"他说："父母给了我这模样，衣服省布料，骑马体重轻。"又有老者说："这小子说大话。"他说："躯体小的人说大话犯法吗？"

他的这些话引起了老人们的反感，说："你这没有教养的小子，说话像爷爷，身材像孙子，滚出去！"他起身说："我的语言是老了一点，身体将来也会变老的。"于是就出去了。

后来人们称他为"爷爷"小子。

乌珠穆沁民间诗词

HUASHUONEIMENGGUdongwuzhumuqinqi

乌珠穆沁民间诗词

WUZHUMUQINMINJIANSHICI

祝颂词是乌珠穆沁民间诗词的主要形式，内容包括婚礼祝词、祝酒词、骏马颂等，内容以歌颂父母的恩情、祝福美好的生活，夸赞骏马为主，语言流畅，内涵丰富，极具哲理性。

祝词 赞词
祝酒词

并祝吉祥永存

希望大家快乐

共饮此杯美酿

一、敬酒词

吉祥如意

一年有十二个月

年初是春节

新春到来时

我们打开佛龛

点灯烧香

搭起祭坛奉祭品

向十方叩拜

又向高堂请安

欢迎各位亲朋

敬献洁白的哈达

问候大家平安

拿出金杯银盅

斟满醇香的奶酒

祝福新的一年里

大家心想事成

二、回敬词

法力无边的高僧

福禄无比的圣主

还有高龄前辈

各自喜增了年岁

吾等庶民百姓

敬托他们的鸿福

迈进了新年的门槛

接到了您的金杯

同时领略了主人的心意

端起飘香的奶酒

也祝愿主人安康

痛饮美味的醇酿

并表衷心的谢意

骏马颂

国泰又民安

吉祥又如意

盛大那达慕

赛马比赛中

荣获第一名的

骏马是哪里来

是锡林郭勒盟

是东乌珠穆沁旗

马群之中的纯种良马

它自幼畅饮清悠河水

从小吃草原优质畜草

犹如草原上春季的花草

充满活力显精神

优质的百草是它的粮食

清澈的泉水是它的饮源

辽阔的平川是它的栖地

慧眼的牧人见识了它

多变的气候锤炼了它

芬芳的畜草熏香了它

经过牧人的调驯

它的体形变得宽厚

它的眼睛如同星光

它的鼻孔就像盅碗

它的腰背长得修长

它的四肢强而有力

它跑起来就似雄鹰飞翔

它确是我们草原的骏马

是群马中无愧的良骥啊

牛颈骨颂

从北方拿来的牛颈骨

用金银装饰的牛颈骨

从南方请来的牛颈骨

用乳汁奶油敬祭的牛颈骨

我们自远古以来尊敬牛颈骨

我们的祖先们赞颂过牛颈骨

就因为牛是牧民的好助手

牛用项颈带来了财富

牛用项颈带来了幸福

牛用项颈带来了欢乐

牛用项颈书写了历史

牛拉着木车度过了雪灾

牛踏着土路走向希望

牛，你是草原人的功臣

牛，你是群畜的骄傲

今天你倒下去了

你倒下去的地方

成群的小牛再繁殖

你倒下去的地方

结队的小牛会出生

我们用乳汁祭祀牛颈骨

祝牛群满山遍野

祝牛群成群结队

婚礼祝词

一、姑娘茶宴祝词

吉瑞呈祥的今日
请来了各位亲朋
给女儿戴上了金塔帽
又配备了婚礼装
银杯斟满醇香的酒
双手递给众亲友
再叙说人之常道
母亲怀你十月孕
父亲视你掌上珠
双亲的恩德重如山
请你时刻要牢记
自你来到人世间
母亲的乳汁哺育着你
软绵的垫子温暖的被
摇车游荡阿爸乐
宝贝歌谣阿妈唱
待到学步左右济
待到学话句句喜
你幸福地度过了少年段
如今长大要出嫁
女儿长大要出嫁
人之常情无别议
遵循祖训顺天理
男婚女嫁是无疑
在座亲友都欢喜
都把醇酿来干杯

二、拦门词

女方：富慧之光照天地
　　　文武双全超群立

金银珠宝满身戴
精神抖擞显武威
亲家诸位大家好
家业兴旺身体康

男方：

好，好
福如东海无尽水
寿如南山不老松
功勋卓著的忠臣们
红顶花翎的王公们
喜结良缘的亲家们
还有在座的高客们
玉体安康精神好
畜群繁荣家业旺

女方：

好，好
远方过来的亲家们
请您暂时等一等
遵循圣主的遗训
要问清以下事情
远道而来的迎亲队
要娶哪位公主
结队而来的迎亲队
推荐何人为首
祖辈遗留的草场
是在天下何方
为新人等备的新包
搭在草原何处
何方何人何事
请尊方一一要说

男方：

敲打硬本板

就会叮咚响

要与哑人语

也会咿呀讲

亲家今日事

令我不可思

是否见了多人心悸啦

或是多食油腻犯糊涂了

巳辰将要过去了

午辰即要到来了

年长的老人已犯困了

年少的少年也乏味了

迎亲的队伍早已到

门前等候了多半时

试问贵方啥心思

为何让我们等多时

女方：

祖先的遗训不可违

客人的来意要问清

你已表明了前来意

我也释放了心里疑

圣洁的哈达我来敬

尊贵的客人座上请

欢快的宴席就此始

三、吉祥箭之颂

神箭高手的心爱物

征服对方的神来器

热血男儿的掌中宝

吉祥如意的檀木箭

力臂弯弓形满月

飞箭出弘惊四座

招来鸿富兆吉祥

今赐婿君作奖赏

四、答谢母恩词

圣主成吉思

大统天底下

审定大法典

我等不可违

女儿要出嫁

慈母请上座

女儿三叩头

深表感激情

父母赐给了我生命

怀孕十月艰辛苦

拜托菩萨保佑

生下了女儿我

用清水洗浴身躯

用软绵包裹御寒

放在精制的摇车里

唱着美妙的宝贝歌

用您的甘乳养育了我

养育之恩比海深

您的体热给了我温暖

您的双手给了我支撑

您的关怀给了我幸福

您的教诲给了我知识

如今女儿长大成人

娶亲的马队即将起程

女儿跪在母亲的膝前

请您接受谢恩的礼品

斟满奶子的洁白银碗
圣洁无比的锦丝哈达
织金缀银的苏杭绸缎
珍珠玛瑙首饰和皮靴
外加骏马等五畜
恳望母亲开恩笑纳
但愿母亲吉祥长寿

五、陪嫁物陈述词

尊敬的男方亲家
在座的各位客人
新娘还有新郎
请听我的表述
我受女方委托
陈述陪嫁之物
银鞍乘马两匹
还有骒马小驹
驾辕拉车的腱牛
带羔骆驼和羊只
五畜齐全祝富裕
金银首饰加胭脂
四季服饰和坎肩
衣柜碗厨日用品
生活用品针线包
各种家什尽齐全
懂得爱护要珍惜

勤劳致富不能忘
祝你们过得日日旺

六、嘱咐女儿词

圣主教诲不能违
男婚女嫁天之理
送亲马队就要归
真心嘱语请牢记
女儿自幼是娇气
亲家用心多教育
事事留心赐教诲
处处关心助完臻
女儿近前听我说
今后持家要记住
苍天高祖要祭祀
长辈公婆要尊敬
兄弟姐妹要团结
邻里朋友讲和谐
夫妻恩爱勤劳动
里里外外讲卫生
遇事不懂多请教
多加思考练修养
不搞特殊讲奉献
和睦人生树榜样
女儿记住多上心
愿你一生多幸福

乌珠穆沁民歌

HUASHUONEIMENGGUdongwuzhumuqinqi

乌珠穆沁民歌

WUZHUMUQINMINGE

长调民歌是乌珠穆沁民歌的脊梁，蒙古族民歌的精髓，是蒙古族长调内蒙古唱法的典型代表。乌珠穆沁长调具有节奏舒缓、旋律优美、行腔自由、音域宽长、高亢辽远的特点。

褐色的山影

褐色的山影　　　　　　美丽的黄雀

随着大川动移　　　　　蓝天里飞旋

与娇小的你　　　　　　与娇小的你

何以心心相印　　　　　何以相亲相依

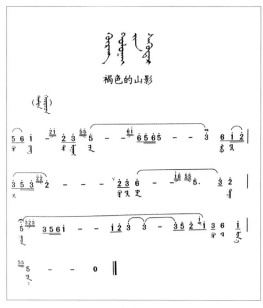

歌谱一

金翅膀的百灵雀

金翅百灵雀啊　　　　　　银翅百灵雀啊

在天空飞翔　　　　　　　随着马儿飞翔

我们最初的依靠啊　　　　我们成长的依靠啊

是慈爱的爹娘　　　　　　是辛勤的爹娘啊

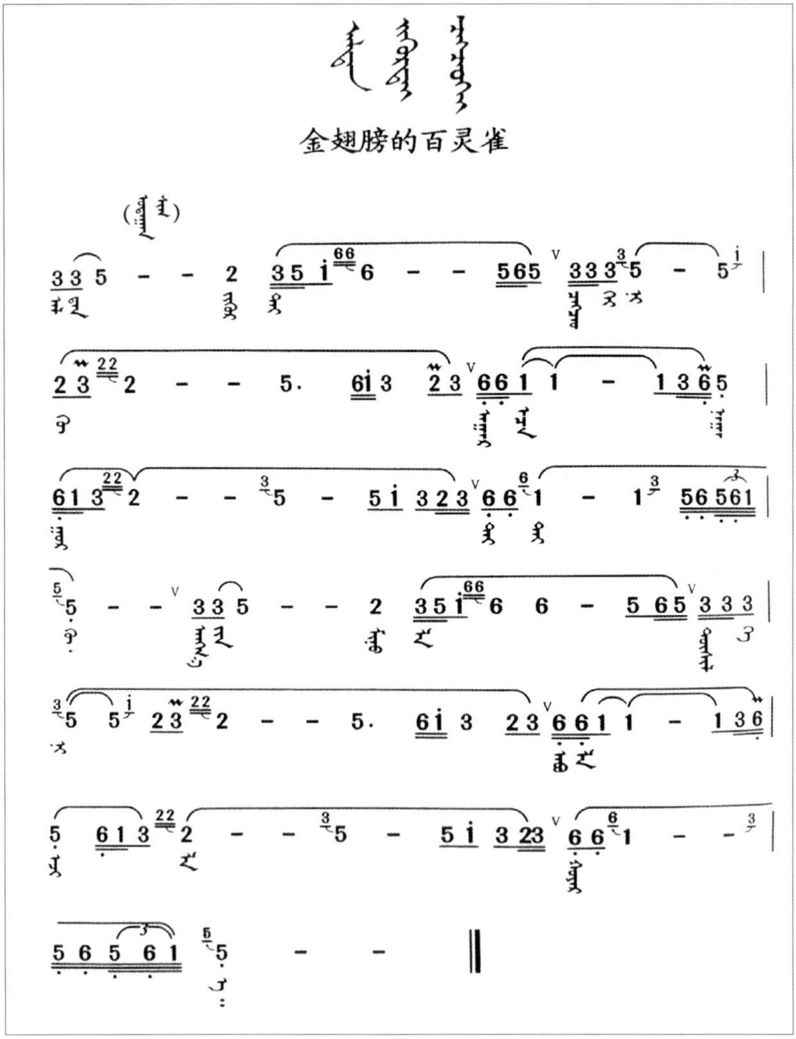

黑骏马

不失时机地调驯　　　　　两座毡包都已探遍
我心爱的黑骏马　　　　　不见小妹泪眼空空
唯一可爱的妹妹　　　　　询问家里的兄弟
嫁得太远太远　　　　　　说她野外拾牛粪
　　　　　　　　　　　　举目四野眺望
山口里有一眼水井　　　　山坡上找见了她的身影
没有水斗空吞口津

黑　骏　马

歌谱三

乌珠穆沁谚语、谜语

乌珠穆沁谚语、谜语

WUZHUMUQINYANYUMIYU

乌珠穆沁谚语、谜语在草原上流传千百年，是传授知识，启迪智慧，净化灵魂，教育子女，歌颂真、善、美，鞭笞假、丑、恶的主要传统艺术形式之一。

谚语

是马要撒群里
是家要迎客人

说话算数是男人
遇阻猛跃是骏马

碎块砌石伤马蹄
流言蜚语伤和气

无智的官僚以气吓人
无知的小儿以哭吓人

贪财使人贫穷
贪色使人堕落

乌珠穆沁指的是一个部落
乌珠日苏指的是一张羊皮

青春之时勿贪玩
清晨之时勿贪懒

皮助你御寒
知识助你成功

从少变多
从薄变厚

堕落的狗不如猪
堕落的官不如狗

房子搬迁后留遗址
湖泊干涸后留淤泥

储备财产将来用
储备牛肉春天吃

集聚细小变财富
记录句子成史书

水能洗清污秽　　　　　　　　量着被子伸腿
书能开启智慧　　　　　　　　看着马群吆喊

识得史书为学者　　　　　　　盼望者，未必能致富
谦虚谨慎为贤者　　　　　　　使劲者，未必能做官

勒紧缰绳　　　　　　　　　　一匹马也要栓
蹬直马镫（形容疾跑）　　　　二只羊也要圈

拜托佛像失去了财富　　　　　逆行的云彩会下雨
拜托公牛损失了牛犊　　　　　晚嫁的女儿恋娘家

摔跤高手不乱踢　　　　　　　戈壁草茂在秋季
健壮公牛不乱跳　　　　　　　韭菜味香在花开

树茂鸟筑巢　　　　　　　　　三年干草
家败出窃贼　　　　　　　　　能使靴底冒油

人多时慎失言　　　　　　　　良骥虽骏是骒马下的
一人时慎失火　　　　　　　　功臣虽威是女人生的

少说无益话　　　　　　　　　戴帽不严会冻耳
多做有利事　　　　　　　　　下夜不勤会丢羊

人多防失言　　　　　　　　　不熟之人慎言语
草茂防失火　　　　　　　　　陌生之地慎行走

勿与撒谎者同流　　　　　　　三寸之舌会失语
勿与偷盗者合污　　　　　　　破底之靴会打滑

勿鞭打马首　　　　　　　莫要丢人现眼
等于砸珍宝　　　　　　　更不要遗臭万年

冰虽硬怕阳光照　　　　　水源不丰流不远
银虽坚怕炉火炼　　　　　族人无主名不扬

酒撂不倒瓶子　　　　　　即是战乱也要惜粮
却能撂倒人　　　　　　　即是迁徙也要拾柴

虽四处通风，自己的家温馨　　勿辱弱者
虽乱发蓬松，自己的妈亲近　　勿捧强者

毡垫子厚的好　　　　　　半瓶水易晃荡
铁锅子薄的好　　　　　　无智者爱表现

积攒奇物便成宝　　　　　不知话语内涵
记录奇闻便成贤　　　　　不懂方桌四角

瓷器易碎勿搬动　　　　　四季交替
劣习易染勿养成　　　　　花草枯荣

五指合为拳头　　　　　　用山石祭敖包
五族合为社稷　　　　　　以回音当赞歌

骑骆驼的人不怕冷　　　　占卜者扯谎多
执鞭子的人不怕狼　　　　算命者瞎编多

穿戴不一样，影子却一样黑　　遇到困难时需要毅力
饮食不一样，粪便却一样臭　　享受幸福时需要警惕

不会剪裁衣不合身
不明方位路不直达

走着走着就有路
谈着谈着就明理

说大话不符合身份
戴毡袋不配套衣服

清除大地蒺藜
不如巩固靴底

贪道念歪经
奸商记混账

檀木有清香
善人有善举

谜语

哇哇叫声
摇动睡床
两袋口粮
是一宝贝（婴儿）

宝殿一座
有七扇门
内有神仙
其能无穷（人头）

不怕从山上掉
就怕往水里泡（纸）

三座山梁
三根气鞭
三盆鲜花
三堆金山（四季）

年迈的老婆
子孙多多
傻子老汉
时常跳跳（白、杵、米）

独眼龙
单条腿（针）

上层乳白，中层雪白
底层灰白（奶皮、奶子、奶渣子）

越刮越粗
越减越长（掘井）

背着篓篓，拿着耙耙
满地金银，回拢一处（拣牛粪）

一个主官四个相
十个奴仆多个羊（嘎拉哈、
玩四样）

沸沸扬扬叫声起

欢天喜地成一对（羊羔与大羊
混群）

暖暖营地

棉棉毛球

守神旺旺

窃贼怯怯（营盘、羊群、猎狗、
灰狼）

没有骨架没有胃

只管吃饱不管毙（狗虱）

四条汉子齐努力

一位主管辨是非

一对儿子是双胞胎

挥动鞭子驱无理（路驼）

四根柱子八个碗

两珠水晶两把剑

苍蝇叮咬有线扇

力量无穷是好汉（牛）

穹顶底下有蛇画（蒙古包坠绳）

五个牛犊都一样

早起拴住晚释放（扣子）

山前有响洞

一仆来回忙

五子个个欢

喜听大合唱（拉胡琴）

全靠籽强得今生

可是根短未扎深

随风翻滚歇一歇

到了山谷睡大觉（刺沙蓬）

碎铁一块，鹿皮一张

干草一叶，眼前一亮（打火石）

没有羊群有营盘

不必做饭备锅铲

没有城镇有道路

不是黄历能算卦（肩胛骨）

金孔雀银孔雀

守闻神看大门（耳环）

不是粮食不充饥

但是其精润五体

若问功德是如何

使人寿命无量极（蒙药）

引力十足一味草

使人神往一瓶水

单独个个有威力

要是组合变无益（烟、酒）

虽说僧侣众多

只碗足够矣（水槽）

天生本无瑕　　　　　　上举两把剑

此君天天扎　　　　　　四季带披肩

你看这张脸　　　　　　顶戴挂门前

变得点点麻（缝靴底）　此君最显眼（山羊）

此君讲往史　　　　　　征战南北铁蹄扬

此君指未来　　　　　　驰骋千里一日还

要问此君谁　　　　　　论其功劳知多少

此君乃吾师（书）　　　风雨无阻英雄胆（马）

一路凯歌

HUASHUONEIMENGGUdongwuzhumuqinqi

一 路 凯 歌
YILUKAIGE

近年来，东乌珠穆沁旗按照统筹推进"五位一体"总体部署，协调推进"四个全面"战略布局，坚持稳中求进工作基调，坚持新发展理念，着力打造祖国北疆牧业大旗、生态文明靓丽风景线。

魅力东乌珠穆沁

草原、河流、古道，延绵的山脉、悠悠沧桑的乌珠穆沁。经历了近千年的动荡、变迁和辛勤开拓，乌珠穆沁草原迎来了最繁荣发展的今天。尤其是进入 21 世纪后，这片广袤辽阔的大草原向世人展示她多彩迷人的风采。

东乌珠穆沁旗位于内蒙古自治区锡林郭勒盟东北部，大兴安岭西麓，东邻兴安盟、通辽市，南连锡林浩特市、西乌珠穆沁旗，西接阿巴嘎旗，北与蒙古国交界，国境线长达 527.6 千米，国际性一类陆路口岸——珠恩嘎达布其口岸，距旗府乌里雅斯太镇 68 千米，是继满洲里、二连浩特之后，连接欧亚大陆桥的桥头堡。全旗现辖 5 个镇、4 个苏木、63 个行政嘎查，1 个国有林场，土地总面积 4.73 万平方千米，其中天然草场面积达 6917 万亩，可利用草场面积占天然草场总面积的 95%。全旗户籍人口 7.07 万人，其中蒙古族人口 4.56 万人，占总人口的 64.5%。

东乌珠穆沁旗地势北高南低，由东向西倾斜，海拔在 800~1500 米之间。北部是低山丘陵，南部是盆地。东乌珠穆沁旗土壤水平地带性分布非常明显，由东向西依次有灰色森林土、黑钙土、栗钙土，非地带性土壤有沼泽土、草甸土、风沙土。境内最高山峰宝格达山海拔 1461 米。

旗境内河流均属内陆水系，主要河流是乌拉盖河，其次有乃林河、阿尔苏巴拉河、巴音罕盖河、图门高勒；有大小湖泊 107 个，其中，淡水湖泊 48 个，

宝格达山

乌拉盖河

湖水量为 1917.5 万立方米，咸水湖泊 59 个，湖水量为 2087.7 万立方米；有泉水 64 眼。境内河流全长 320 千米，流域面积 1.1 万平方千米。

东乌珠穆沁是内蒙古保护最好的天然草原之一，东乌珠穆沁旗天然草原总面积为 6917 万亩，森林面积 27.2 万亩，是全国最大的畜牧业基地之一，也是保存游牧文化传统最完善的区域之一。

东乌珠穆沁旗天然草地维管植物种类多，据 2011—2013 年调查所知，全旗共 94 科、383 属、1027 种，分别占内蒙古草原天然草地维管植物科、属、种的 70.15%、56.24% 和 45.24%。

东乌珠穆沁旗维管植物组成中被子植物占绝大多数，有 83 科、367 属、997 种，分别占总数的 88.30%、95.82%、97.08%。蕨类植物和裸子植物较少，只占总科的 11.70%、属 的 4.18%、种 的 2.92%。

东乌珠穆沁旗矿产资源丰富，已探明 8 大类型矿产，28 个矿种。拥有哈日阿图、乌兰陶勒盖—奥尤特—海拉斯、朝卜楞—查干敖包—白音

呼布三条有色金属成矿带，乌尼特、额和宝拉格等煤田。地处石油资源丰富的二连盆地的阿尔善凹陷区，境内白音都兰和乌里雅斯太凹陷的次一级凹陷中形成的石油储量达 3574 万吨。额吉淖尔湖的盐储量达 2300 万吨、芒硝储量达 3700 万吨。

旗所在地乌里雅斯太镇，交通便利、通讯便捷，其前身为蒙古地区三大库伦庙之一的"喇嘛库伦庙"。如今 101 省道横贯东西，巴珠铁路贯穿南北，南联赤峰市直抵锦州港，北接嘎达布其口岸直达蒙古国，是欧亚大陆桥的枢纽之一。近年来，乌里雅斯太镇加快城镇基础设施建设步伐，完善中心镇功能，大力开展工业园区建设和市场建设，提升二、三产业的质量和效益，坚持不懈地开展精神文明创

乌里雅斯太镇街道

巴彦额日和图山公园

建活动，经济、文化及社会各项事业均取得了显著成绩，2013年被评为国家级卫生镇。

乌里雅斯太镇以群众需要为核心，努力建设充足的公共空间和一流的公共服务设施，先后修建了乌珠穆沁博物馆、全民健身中心、斯赫腾公园等，进一步提升了广大居民生态宜居的生活环境。

展翅腾飞的经济

乌珠穆沁草原地大物博，山川秀美，东有宝格达山茂密的森林，西有瀚海茫茫的原野，南有乌拉盖河穿流而过。进入21世纪后，这片热土正焕发出动人的勃勃生气。

今天的东乌珠穆沁旗乘势而上、只争朝夕，捧出了一幅科学发展、强旗富民的鸿篇巨卷。全面推进畜牧业基础产业，金属采选冶炼、煤炭清洁综合利用、油气循环开发利用、绿色畜产品精深加工4个传统优势产业的改造提升，大力发展新能源新材料、大数据云计算、蒙中医药、生物科技 4 个战略性新兴产业，加快培育旅游、电商、物流、金融、口岸贸易 5 个新兴服务业，深入推进乡村振兴战略，精心打造宜居城镇，坚持绿色发展，加强草原生态保护建设等一系列战略部署，为东乌珠穆沁旗的经济发展注入强大活力，在 2022 年，地区生产总值完成 73 亿元，增长 3.7%；固定资产投资增长 10.5%；一般公共预算收入完成 6.09 亿元；社会消费品零售总额完成 10.87 亿元；城乡常住居民人均可支配收入分别达到 47037 元和 40393 元，同比增长 5.8%。

2022 年，全旗地区生产总值增长 3.6%。分产业看，第一产业增加值同比增长 5.9%，第二产业增加值同比增长 1.4%。其中，工业增加值同比增长 0.3%。第三产业增加值同比增长 4.0%。三次产业结构为 32.8：32.8：30.4 三次产业贡献率分别为 50.4%、12.7%、36.9%。

东乌珠穆沁旗一直是以畜牧业为主的牧业旗，产业单一，工业基础薄弱。近年来，旗委、旗政府坚持发展向导，产业结构优化升级。聚焦高质量发展目标任务，坚持以优化产业结构为重点推进质量变革、效益变革、动力变革，三次产

业结构优化调整为 32.8：32.8：30.4，以工业和服务业为主导的产业新格局初步形成。东乌珠穆沁旗地处世界四大天然草原之一的锡林郭勒大草原核心区，拥有优质天然草牧场面积 7100 万亩，天然野生植物 890 余种，牧业年度牲畜存栏 300 万头只。素有"皇家贡品、肉中人参、天下唯一"的多肋骨、多脊椎的乌珠穆沁肉羊，以其营养价值高、肉质鲜美、不膻不腻等特有品质享誉国内外，是 2008 年北京奥运会指定产品和 2010 年上海世博会特供产品。依托乌珠穆沁羊肉品牌优势，抓好乌珠穆沁羊提纯复壮和标准化畜群选育，加快乌珠穆沁羊养殖与加工标准化示范区建设，打造乌珠穆沁羊精深加工基地；依托高科技团队和科研院所为平台，引进培育畜产品精深加工、生物制药龙头企业，开展优质安全特色肉制品和生物制品研发生产，推广生物育种、基因测序及全基因组选择技术的研究应用。今后继续深入贯彻"减羊增牛"战略，重点建设希那嘎嘎查优质肉牛整村推进项目和哈日高毕 1000 头肉牛繁育基地，抓好优质良种肉牛繁育基地续建工程，引进技术服务团队，着力提升肉牛标准化饲养管理技术服务水平，引进优质良种肉牛 3000 头

原种场远景

畜产品加工企业外景

良种牛肉扩繁专业合作社基地

新建的畜产品研发中心

以上，形成优质肉牛资源，重点培育引进畜产品养殖、精深加工产业链。运用好"乌珠穆沁黄骠马""扎嘎拉太"等马业品牌，重点培育和规范现有的马业合作社和养马专业户，引导扶持企业、合作社和专业户建立赛马俱乐部，并适度推广孕马血清采集、生物育种、基因选择等技术的应用，全面促进马业增产增效，推动蒙古马资源保护工作。

畜产品加工科技示范园区，总规划面积2平方千米，主要以当地绿色有机的牛羊等畜产品为原料，专门从事肉食品精深加工、技术研发、技术推广和成果转化的科技示范园区，技术主攻方向为羔羊冷鲜肉生产加工、熟食品生产加工和牛羊副产品深加工、生物制药和绒毛皮加工增值等。该园区是农业农村部认定的全国农产品加工创业基地，是国家肉食品质量安全控制工程技术研究中心下设的羊肉技术研发示范基地，被内蒙古科技厅认定为第四批自治区级农业科技示范园区。

到2022年底，牲畜头数稳定，畜群结构明显改善。牧业年度，全旗牲畜总头数达到290.5万头(只)，牲畜良种及改良比重达到99%，其中，良改牛比重达到99.96%；良种乌珠穆沁羊比重和良种乌珠穆沁山羊比重均达到100%，达到最好水平。

修建铁路，规划机场，引进新兴产业……在美丽的东乌珠穆沁草原上，工业化的脚步一刻也没停。长期以来，传统畜牧业一直引领东乌旗走在全区牧业旗县前列；面对新型工业化浪潮，东乌旗又以新兴工业化为引领，打造了一个旗域经济发展新引擎。

以建设现代工业园区为载体，是东乌珠穆沁旗发展工业经济的重要手段。东乌旗坚持"全党抓经济、重点抓工业、突出抓项目"的工作方针，牢牢抓住国家西部大开发和振兴东北老工业基地的历史性机遇，精心打造以铅锌铜采选冶炼为重点的有色金属产业集群、以盐硝和煤炭资源深加工为重点的化工产业集群、以煤电石油开发为重点的能源产业集群、以牛羊肉精深加工为重点的畜产品综合利用产业集群4大产业集群，初步形成乌里雅斯太循环经济示范园区、有色金属矿采选产业区、乌里雅斯太畜产品科技示范园区和能源产业区4大工业园区，工业主导地位得到进一步巩固。2006年至2022年间，全旗三次产业结构由32：48：20转变为32.8：32.8：30.4。

位于东乌旗额吉淖尔镇境内的

额吉淖尔盐场生产车间

额吉淖尔（母亲湖）盐池以盛产大青盐而驰名中外。面积25万平方千米，海拔829.8米，据探明，食盐储量达到2300万吨，芒硝储量达到3700万吨。1946年建立额吉淖尔盐场，目前，年生产食盐规模达到10万吨以上，是内蒙古三大盐场之一，也是全国109家食盐定点生产企业之一，其生产的"母亲湖"系列盐产品销往全国各地。

乌里雅斯太工业园区位于乌里雅斯太镇东南部，是自治区级循环经济试点示范园区，是锡林郭勒盟重点建设的工业园区之一。园区总体规划面积33平方千米，已有21平方千米完成控制性详细规划，划分为生产、生活、服务三个功能区域，并实现"六通一平"，保证了

乌里雅斯太工业园区

入园企业生产生活需要。园区内规划了金属冶炼、煤电开发、氯碱化工、畜产品加工及建材生产等产业，主抓金属冶炼和煤电开发。2008年乌里雅斯太工业园区被确定为自治区级循环经济试点示范园区，2011年被列入自治区培育"双百亿工程"园区之一。

乌尼特露天煤矿

东乌珠穆沁旗矿产资源丰富，是距东北老工业基地最近的矿产资源赋存地，已被确定为东北老工业基地矿产资源接续地之一。现已查明各类金属矿产40多种，矿床近30处，多数为多金属矿，现已查明铁矿石量3328万吨、锌金属量206.7万吨、铅金属量66.65万吨、钼金属量78.01万吨、银金属2136.3吨，金、钨、铜、铋等贵重稀有金属储量也非常可观。全旗现已有兴业集团、山东黄金集团大型有色金属矿山企业入驻。加大采选力度，确保

双源冶炼厂

现有选厂满负荷运行；大力推进资源整合、技术改造和工艺革新，不断提升企业生产和资源清洁转化水平；发展深加工，推动产业向价值链高端延伸，发展金、银、钨、钼等贵金属稀有金属回收延伸产业。

东乌珠穆沁旗煤炭资源十分丰富，已探明煤炭资源储量383.86

宏博石油

亿吨（其中长焰煤 204.86 亿吨，褐煤 179 亿吨），远景储量 600 亿吨，全旗储量 100 亿吨以上的煤田 1 个、20 亿吨以上的煤田 3 个、1 亿至 10 亿吨的煤田 8 个，主要分布于高力罕煤田、乌尼特煤田、额和宝力格煤田、道特淖尔煤田、准哈诺尔煤田、白音呼布煤田、阿拉达布斯煤田、阿拉坦合力煤田八大含煤盆地。

东乌珠穆沁旗石油资源丰富，全旗已探明石油资源储量 1.62 亿吨，远景储量 3 亿吨以上，其中二连盆地阿尔善凹陷区石油储量约 3574 万吨，白音都兰凹陷区石油储量约 1651 万吨，乌里雅斯太凹陷区石油储量约 1896 万吨。另外，白音霍布尔、额仁高毕、满都宝力格凹陷区石油储量也非常可观。目前，中国石油华北油田二连分公司、上海宏博集团、延长油矿管理局、中国石化中原油田、中康等多家企业在我旗从事石油勘探和开采。

东乌珠穆沁旗文化旅游资源十分丰富。东乌珠穆沁草原是目前世界上保存最为完好的天然草原之一，也是草原文化保存最为完整的地区之一，该区域蒙元文化历史积淀深厚，素有"长调之乡""搏克摇篮"的美誉，民族风情浓郁，是最具魅力的传统游牧文化传承

地，传统的祭敖包和草原那达慕盛会，诠释和演绎着游牧文化的深刻内涵。东乌旗历史遗迹众多，有著名的辽金古长城遗址金界壕、有旧石器时代多层文化堆积的金斯太洞、有始建于 1781 年的喇嘛库仑庙，有喇嘛峰岩画、突厥石人、冰白坑，还有传统游牧部落最后迁徙地——乃林郭勒。拥有 527 千米的边境线和一个国际性常年开放陆路口岸——珠恩嘎达布其口岸，构成了得天独厚的民族风情游和跨境旅游的优势。近年来，进一步完善旅游业发展规划，不断完善乌里雅斯太山等景区景点建设，规范发展"牧人之家"，珠恩嘎达布其口岸跨境游、乌里雅斯太山非物质文化体验游、宝格达山国家森林公园游、乡村休闲游等一批特色旅游项目初具规模，全年接待游客 56 万人次，实现旅游收入 10.4 亿元，被自治区确定为休闲农业与乡村牧区旅游示范旗。

"牧人之家""家庭旅馆""乌珠穆沁部落"是东乌珠穆沁旗近几年来新兴的以个人或家庭独资经营为主的旅游点，是利用草原景观、自然生态及牧民生活生产资料，接待游客并为游客提供集观赏、娱乐、饮食、住宿为一体的观光、体验、休闲旅游项目，是东乌珠穆沁旗民

全民健身中心

俗风情旅游品牌。

2019年，旅游业持续健康发展。全年实现旅游总收入7.426亿元，全年共接待游客45万人次。

服务业繁荣发展。建成电子商务产业园，淘宝、京东等国内知名电商企业成功入驻，孵化本土电商企业26家，成为国家级电子商务进农村（牧区）示范旗。在全盟率先成立旗县级贸促会，为对外开放、招商引资搭建新型服务平台。推动健康养老产业发展，启动建设了健康养老产业园区。

交通运输网络不断完善，涵盖公路、铁路、航空的立体化交通新格局基本形成。国道331线宝格达山至阿尔诺尔布敦段、国道306线乌里雅斯太至珠恩嘎达布其段已竣工；国道331线乌里雅斯太至额吉淖尔段、省道221线额吉淖尔至

草原铁路

五间房段已开工；新建通嘎查公路509千米。巴珠铁路珠恩嘎达布其国际物流园区铁路连接线工程已在筹备中。机场建设项目取得重大突破，列入国家西部大开发"十三五"规划和全国民用运输机场布局规划。

启动了乌里雅斯太镇总规划和城镇化建设。加快推进棚户区改造，实施垃圾处理、污水处理、亮化绿化、供水供热等市政工程，城镇化率达到54%。

珠恩嘎达布其口岸，距旗府所在地乌里雅斯太

国家卫生县城

珠恩嘎达布其口岸

镇68千米，与蒙古国毕其格图口岸相对应。口岸对内辐射内蒙古中东部地区，并向南延伸到东北和华北腹地；对外辐射蒙古国苏赫巴托、东方和肯特三省，辐射面积30万平方千米、20万人口。

东乌珠穆沁旗本着以开放促开发、以开发促发展的工作原则，充分利用"两种资源"，竭力撬动"两个市场"，极大地促进了口岸贸易的长足发展和第三产业的全面繁荣。"十二五"期间珠恩嘎达布其口岸过货量518.35万吨、

进出口贸易额23.88亿美元，过货量是"十一五"期间总量的4.63倍，贸易额是"十一五"期间的4.26倍。

日臻完善的民生

居民生活水平不断提高。2022年，全旗社会消费品零售总额完成10.87亿元，增长6.8%；城乡

牧区民居

常住居民人均可支配收入分别完成47037元和40393元，增长4.0%和9.5%，牧民人均可支配收入历史性突破3万元大关，持续位居全盟第一。财政用于民生领域支出占一般公共预算支出的76.6%。民生保障能力不断增强。积极推进就业创业，城镇新增就业1125人。扎实推进社会保险扩面工作，月均企业退休人员基本养老金、城乡居民基础养老金分别提高137元和18元，城乡居民基本医保人均财政补助标准提高40元。各项社会救助补贴资金落实到位。

各项社会事业统筹推进。启动基础教育质量提升第二期三年行动计划，实施民族职业中专等4所学校教学楼和蒙古族第二小学食堂、综合高中足球馆等建设工程，补充中小学教师41名。3所学校成为国家级校园足球特色学校。呼热图淖尔、阿拉坦合力、满都宝拉格等3个苏木镇卫生院投入使用，妇幼保健院完成主体工程，大病保险

校门

公立医院

政策内住院费用平均报销比例达到90%。同步实施牧区环境综合整治工程，人居环境显著改善，小城镇建设迈上新台阶。

全力推动社会事业发展，和谐社会建设进一步加强。统筹发展各项社会事业。教育质量稳步提升，全旗中小学标准化率和学前教育入园率均达到100%。

建立公立医院分级诊疗和双向转诊制度，旗医院被确定为全区医疗机构联合体成员，为牧民开展免费健康体检，新牧合参合率达到99%。

实施文化惠民工程，社区和嘎查文体综合活动阵地覆盖率均达到100%，乌珠穆沁游牧文化被农业农村部确定为全国农业文化遗产。深入推进民族团结进步事业，额吉淖尔镇等4个单位被评为全盟民族团结示范基地。

今日东乌珠穆沁旗，正按照"守

望相助、团结奋斗"的要求、统筹推进"五位一体"总体布局，协调推进"四个全面"战略布局，坚持稳中求进工作总基调，坚持新发展理念，着力抓好稳增长、促改革、调结构、惠民生、防风险、补短板、挖潜力、增优势各项工作，保持经济持续健康发展和社会大局和谐稳定，为全面建成小康社会打下决定性基础，朝着打造祖国北疆亮丽风景线的方向，满怀豪情地在中国特色社会主义康庄大道上高歌奋进。